O FENÔMENO FINTECH

Bruno Diniz
Presidente do Comitê de Fintechs da ABStartups

O FENÔMENO FINTECH

Tudo sobre o movimento que está transformando o mercado financeiro no Brasil e no mundo

ALTA BOOKS
EDITORA
Rio de Janeiro, 2019

O Fenômeno Fintech
 ISBN: 978-85-508-1123-9

Impresso no Brasil — 1ª Edição, 2019 — Edição revisada conforme o Acordo Ortográfico da Língua Portuguesa de 2009.

Publique seu livro com a Alta Books. Para mais informações envie um e-mail para autoria@altabooks.com.br

Obra disponível para venda corporativa e/ou personalizada. Para mais informações, fale com projetos@altabooks.com.br

Produção Editorial
Editora Alta Books

Gerência Editorial
Anderson Vieira

Produtor Editorial
Juliana de Oliveira
Thiê Alves

Assistente Editorial
Leandro Lacerda

Marketing Editorial
marketing@altabooks.com.br

Editor de Aquisição
José Rugeri
j.rugeri@altabooks.com.br

Vendas Atacado e Varejo
Daniele Fonseca
Viviane Paiva
comercial@altabooks.com.br

Ouvidoria
ouvidoria@altabooks.com.br

Equipe Editorial
Adriano Barros
Bianca Teodoro
Carolinne Oliveira
Ian Verçosa
Illysabelle Trajano
Keyciane Botelho
Larissa Lima
Laryssa Gomes
Livia Carvalho
Maria de Lourdes Borges
Paulo Gomes
Raquel Porto
Thales Silva
Thauan Gomes

Revisão Gramatical
Carolina Marques
Paola Goussain

Diagramação
Luisa Maria Gomes

Layout
Bianca Teodoro

Capa
Larissa Lima

Erratas e arquivos de apoio: No site da editora relatamos, com a devida correção, qualquer erro encontrado em nossos livros, bem como disponibilizamos arquivos de apoio se aplicáveis à obra em questão.

Acesse o site www.altabooks.com.br e procure pelo título do livro desejado para ter acesso às erratas, aos arquivos de apoio e/ou a outros conteúdos aplicáveis à obra.

Suporte Técnico: A obra é comercializada na forma em que está, sem direito a suporte técnico ou orientação pessoal/exclusiva ao leitor.

A editora não se responsabiliza pela manutenção, atualização e idioma dos sites referidos pelos autores nesta obra.

Dados Internacionais de Catalogação na Publicação (CIP) de acordo com ISBD

D575f Diniz, Bruno

O Fenômeno Fintech: tudo sobre o movimento que está transformando o mercado financeiro no Brasil e no mundo / Bruno Diniz. - Rio de Janeiro : Alta Books, 2019.
256 p. : il. ; 17cm x 24cm.

Inclui bibliografia e índice.
ISBN: 978-85-508-1123-9

1. Economia. 2. Fintech. I. Título.

2019-1706 CDD 330
CDU 33

Elaborado por Vagner Rodolfo da Silva - CRB-8/9410

ALTA BOOKS
EDITORA

Rua Viúva Cláudio, 291 — Bairro Industrial do Jacaré
CEP: 20.970-031 — Rio de Janeiro (RJ)
Tels.: (21) 3278-8069 / 3278-8419
www.altabooks.com.br — altabooks@altabooks.com.br
www.facebook.com/altabooks — www.instagram.com/altabooks

ASSOCIADO CBL Câmara Brasileira do Livro

Aos meus amados pais Eustáquio e Marly, a minha saudosa irmã Sarah e a minha esposa e grande companheira Larissa, por serem minha inspiração e mola propulsora, encorajando-me a fazer sempre mais.

Prefácio

Vivemos um mundo de evolução e revolução na área financeira. Em um curtíssimo espaço de tempo, começamos a ouvir termos como *fintechs* de crédito, *blockchain*, *open banking*, *P2P lending*, transferência em tempo real etc.

Quase simultaneamente a isso, vislumbramos mudanças na regulação, na forma de pensar e agir em busca de soluções para entregar produtos e serviços de variados segmentos. Antes fechados ao mundo financeiro, agora é possível encontrar espaço para o diálogo e para novas ideias entre os órgãos reguladores. No Brasil, a tecnologia está servindo como uma alternativa para corrigir distorções de mercado na área financeira como, por exemplo, a excessiva concentração de crédito, a falta de transferência na oferta dos serviços e a falta de competição entre os *players*.

Junte a tudo isso a característica do mercado e da população brasileira de ser bastante dependente de tecnologia. Não é exagero afirmar que existem no Brasil mais smartphones por pessoa do que contas correntes. Como me disse um cliente americano que entrava no Brasil para oferecer uma plataforma de *P2P lending*, o brasileiro é muito rápido e corajoso na adoção de novas tecnologias e tem bom senso quando comparado com o mercado americano.

Por fim, nota-se um interesse muito grande dos investidores nacionais e estrangeiros pelo mercado em expansão, buscando as melhores opções para financiar startups na esperança de um dia se tornarem um unicórnio. O Brasil foi, de longe, o país na América Latina que mais recebeu investimentos estrangeiros nas startups.

Este livro explica de forma eficiente a evolução e a organização desse mercado, mostrando as tendências dessa grande evolução. É uma obra única, por conter temas bastante atualizados, além de uma linguagem simples e direta.

Muitos advogados e donos de startups se aproximam pedindo dicas de onde podem aprender um pouco mais sobre essa nova revolução. Minha resposta até então era indicar autores americanos e europeus, assim como livros genéricos que não seguem necessariamente a realidade brasileira.

Agora isso vai mudar. Este livro será uma grande referência para entender o mercado atual e sua futura direção, e será um grande instrumento para as mentes brasileiras jovens e criativas, que enfrentam as dores dos produtos e serviços tradicionais, e que desejam mudanças com a ajuda da tecnologia — além da necessidade de criar uma relação com o usuário.

É leitura obrigatória não só para as novas gerações, mas também para os incumbentes que precisam se preparar para essa (r)evolução.

Bruno Balduccini[1]

[1] Sócio do Pinheiro Neto Advogados e especialista em *fintechs* e criptomoedas.

Apresentação

Em 2017, como participante ativo do ecossistema das *fintechs* nacionais, fui convidado pela editora Alta Books a escrever um dos primeiros livros nacionais a respeito do fenômeno *fintech* e das transformações que ele desencadeou no mercado financeiro do Brasil e do mundo.

Certo da necessidade de termos um livro em português que também retratasse a evolução do ecossistema brasileiro, reuni informações que contam a história do segmento *fintech*, desde seu nascimento nos Estados Unidos até seu desenvolvimento pelo mundo. Parti, então, para a elaboração desta obra tendo como base minha experiência no setor e várias pesquisas e estudos com que tive contato ao longo dos anos. Muitas informações sobre esse assunto encontravam-se em diferentes relatórios e reportagens nacionais e internacionais, que, por sua vez, foram elaborados por diversas fontes espalhadas na internet, de forma difusa e pouco estruturada. Como consultor, palestrante e professor do segmento, senti-me compelido a reunir e agregar esses fragmentos de informações, entregando um material completo tanto para introduzir o tema às pessoas não familiarizadas com o fenômeno fintech, quanto para entregar informações relevantes para quem já faz parte desse mercado.

Durante essa grande jornada, agradeço profundamente a todos aqueles que me ajudaram, pessoas como meus mentores Elyseu Mardegan Jr. e Bruno Balduccini (incentivador da obra e convidado que escreveu o prefácio), minha coach literária Karina Gercke e tantas outras pessoas que cruzaram meu caminho e fizeram parte dessa construção de alguma forma.

Você verá, nas páginas seguintes, os fatores culturais, comportamentais e históricos que possibilitaram o crescimento das *fintechs*. Além disso, veremos os diferentes subsegmentos que surgiram dentro dessa ampla categoria, bem como os impactos dessas soluções na promoção da inclusão financeira. Passaremos por diferentes partes do mundo para explorar como os principais polos financeiros têm tratado esse tema e como ele se desenvolveu em nosso país. Por fim, exploraremos algumas tendências e tecnologias que estão mudando a cara do mercado financeiro tradicional e, também, como as organizações tradicionais estão trabalhando para se manterem relevantes diante desse novo contexto.

Espero que esta obra possa servir como um guia para profissionais, estudantes, pesquisadores e demais pessoas que queiram compreender como suas vidas estão sendo impactadas por empresas inovadoras que surgiram nos últimos e redefiniram a forma como experienciamos produtos e serviços financeiros nos tempos atuais.

Seja bem-vindo ao novo mundo das *fintechs*! Estamos apenas no começo de um grande movimento e sinto-me horado em participar desta incursão a seu lado.

Bruno Diniz

Sumário

Capítulo 1

CONTEXTO HISTÓRICO: MERCADO FINANCEIRO, ECONOMIA E CONSUMO — O MUNDO MUDOU

Se fosse possível viajar no tempo e trazer uma pessoa de 2008 para os dias atuais, certamente essa se surpreenderia com as inovações alcançadas no setor dos serviços financeiros, provocadas por constantes transformações na Tecnologia da Informação (TI), no comportamento do consumidor e em seu estilo de vida.

A inovação nos serviços e produtos financeiros, nesse breve espaço de um pouco mais de uma década, deu um salto gigantesco. Da inteligência artificial aos ativos digitais, é inegável que os rápidos avanços tecnológicos estão transformando o segmento financeiro no mundo todo, criando oportunidades e novos desafios.

No mundo, o movimento *fintech* — que abrange as novas empresas do setor financeiro que utilizam tecnologia de forma inovadora como meio para criar e entregar produtos e serviços — vem se consolidando há alguns anos em diferentes lugares. Países como Inglaterra, Estados Unidos e China lideram as iniciativas no setor. No Brasil, o movimento é mais recente e tem ganhado maior foco e estrutura desde 2015. Contudo, as mudanças têm acontecido de forma tão intensa e acelerada que é praticamente impossível prever o impacto dessa revolução nos próximos três ou cinco anos. Estamos falando de um impacto sem precedentes em um mercado historicamente tradicional e conservador.

Nos primeiros anos desse milênio e, principalmente, após o sentimento de desconfiança no mercado financeiro ante a crise de 2008, vimos a combinação do crescimento, popularização e barateamento de novas tecnologias aliar-se à demanda dos usuários por melhores experiências de consumo e serviços menos burocráticos e mais transparentes. A soma desses fatores influenciou o surgimento de produtos e serviços financeiros totalmente novos. Passamos, então, a ter o vislumbre de um mercado financeiro cada vez mais desintermediado e menos dependente das antigas estruturas, além do consequente surgimento de novos entrantes em um ambiente anteriormente dominado pelos bancos.

A ideia de que as atividades bancárias praticadas até os dias de hoje tiveram um importante papel no desenvolvimento econômico da nossa sociedade, mas que estão sendo substituídas por algoritmos e tecnologias que priorizam o usuário ao elevar a sua experiência e colocá-lo no centro de suas decisões financeiras, é o alicerce sobre o qual se baseiam as *fintechs*.

Olhando para trás e analisando os avanços tecnológicos e comportamentais recentes, fica fácil identificar os elementos que fizeram com que essas novas empresas ocupassem cada vez mais espaço em nossas vidas. O surgimento e desenvolvimento da internet, dos smartphones e dos aplicativos móveis ajudaram a moldar o comportamento de uma sociedade que tem se tornado cada vez mais adepta da tecnologia e da maneira simples de fazer as coisas.

Entretanto, ao pensarmos em um panorama histórico para o surgimento das *fintechs*, precisamos voltar um pouco mais no tempo e analisar, brevemente, a evolução das práticas bancárias ao longo da história.

A origem dos bancos comerciais (e dos juros) está vinculada aos negociantes de moedas estrangeiras. No comércio de bens e produtos entre países, para defenderem seu patrimônio, criaram depósitos seguros e passaram a ser chamados de banqueiros. A atividade dos banqueiros caiu em decadência quando a Igreja Católica, na Idade Média, condenou a usura — prática de cobrar juros sobre empréstimos. Para a Igreja, os juros eram uma forma de explorar um indivíduo que poderia estar passando por uma situação difícil; sendo assim, os empréstimos deveriam ser feitos sem cobrança de nenhuma tarifa adicional.

Com a evolução da humanidade, após muitas revoluções e guerras e uma independência maior entre a população e a Igreja, iniciou-se a prática na qual aquele que emprestou um determinado capital passa a receber parte dos lucros obtidos com o empréstimo, fomentando a economia. A partir daí, criou-se um banco centralizado para emissão de papel moeda e bancos de depósito.

Os bancos de depósito representaram um marco no desenvolvimento do mercado financeiro, visto que, anteriormente, funcionavam apenas como mediadores das finanças dos povos soberanos, preocupados, até então, com a arrecadação de impostos. A partir daí, como veremos, as práticas bancárias foram se modernizando, com estruturas cada vez mais complexas.

E no Brasil?

No início do período colonial, as transações comerciais eram realizadas exclusivamente por trocas entre mercadorias (escambo), pois o Brasil sequer possuía uma moeda própria. Açúcar e algodão, por exemplo, serviam como valores de referência. Também eram utilizadas moedas de metal, vindas de Portugal ou de países economicamente dominantes.

O primeiro Banco do Brasil, instituição pública que passou, desde o início, por diversas fases, surgiu com a chegada da família real em 1808. No entanto, apenas a partir de 1838, iniciou-se o desenvolvimento de um sistema bancário com o objetivo de incentivar a economia, por meio da captação de recursos e da concessão de crédito.

O Banco Comercial do Rio de Janeiro foi a primeira instituição bancária privada do país, idealizada pelos comerciantes mais ricos da cidade. Como esperado, o banco contribuiu para a melhoria do cenário econômico e financeiro da região.

Vale ressaltar que as diversas regiões produtivas do território brasileiro não eram interligadas durante o período de 1838 (início das operações bancárias no país) até 1906, quando o Banco do Brasil se tornou a única instituição autorizada a emitir moeda. Essa falta de contato entre as regiões, em virtude da precária infraestrutura em comunicações e transportes, originava as chamadas **regiões monetárias isoladas**, com legislação regional para a emissão de títulos de crédito, que permitia a criação de moedas locais ou regionais, decorrentes da inexistência de uma autoridade monetária nacional.

Até 1905, não havia uma regulamentação do sistema bancário. A consolidação do Banco do Brasil, como agente do Estado, iniciou a normatização e o controle estatal do setor.

Em 1920, foi criado o primeiro órgão fiscalizador dos bancos: a Inspetoria Geral dos Bancos, que foi substituída pelo Conselho Monetário Nacional (CMN) e pelo Banco Central do Brasil (BACEN), em dezembro de 1964.

Os anos de 1950 marcaram uma fase intermediária, com a expansão econômica do país e o consequente avanço da atividade bancária. Entretanto, era notória a precariedade da gestão administrativa do setor.

A reforma ocorrida entre 1964 e 1965 deu início à **correção monetária**, tornando possível ao sistema bancário maior capacidade de captação de recursos. Primeiramente, a correção foi aplicada apenas aos títulos públicos, estendendo-se, posteriormente, a todos os depósitos bancários. Com essa medida, foi possível contornar a **Lei da usura**, de 1933, de Getúlio Vargas, que limitava a 12% a cobrança de juros anuais, viabilizando a cobrança de juros reais positivos nas transações financeiras.

A **Lei da usura** foi aprovada no Brasil em 7 de abril de 1933, depois de um período de instabilidade econômica e política, causada pela Crise Internacional de 1929 e pela Revolução de 1930. Por ela, é determinada ilegal a cobrança de juros abusivos, considerados aqueles superiores ao dobro da taxa legal estipulada no país (que atualmente é a Selic).

?!

Até os primeiros anos da década de 1960, os bancos brasileiros operavam basicamente em atividades comerciais de curto prazo. O número e a importância econômica das instituições financeiras flutuavam em função do momento histórico — estabilização da República.

Em 1964, o governo permitiu que o Brasil tivesse um sistema financeiro segmentado e supervisionado pelo Banco Central, entidade federal que regulamenta e controla o setor bancário, executando também as políticas monetárias e cambiais do país. Tais reformas constituíram a estrutura do atual sistema financeiro nacional, amparado pelo Conselho Monetário Nacional (CMN) e pelo Banco Central do Brasil (BACEN).

Em 1988, houve uma grande mudança no sistema bancário, pois diversos serviços financeiros foram permitidos, viabilizando os bancos múltiplos — instituições que devem ser constituídas como Sociedades Anônimas e possuir ao menos duas carteiras, sendo que uma delas deve ser, obrigatoriamente, comercial ou de investimento. Até então, o sistema bancário estava restrito a determinadas operações e os clientes contavam com limitados produtos e serviços financeiros.

As regulamentações e o avanço no sistema bancário, provocados por eventos como a globalização, a abertura econômica, o Plano

Real, a adesão do Brasil ao Acordo de Basileia — que regula o funcionamento das instituições financeiras em todo mundo — e a revolução da tecnologia da informação, alteraram completamente os métodos e as práticas da atividade bancária nacional, destacando-se a redução e o controle dos custos operacionais e a universalização dos serviços.

Entretanto, é inegável que o Plano Real, de 1994, afetou bastante a economia no Brasil, ao mesmo tempo em que os bancos enfrentavam uma gradual competição com as novas instituições financeiras nacionais, frutos do processo de reestruturação bancária no país e, principalmente, com a entrada de bancos estrangeiros no mercado interno.

Em resposta a esse novo contexto, os bancos procuraram ir além da simples intermediação financeira e passaram a diversificar seus negócios. Conseguiram alavancar suas receitas por meio de tarifas, taxas e comissões, buscando compensar a queda nas margens de intermediação financeira. A formação dos grandes conglomerados financeiros, em escala regional ou nacional, foi uma das principais consequências da reestruturação dos anos de 1990.

Entretanto, a substituição das receitas inflacionárias — provenientes do resultado da aplicação dos depósitos à vista dos clientes em títulos públicos, processo também conhecido como *floating* — por receitas de serviços bancários não representou uma queda significativa na lucratividade dos bancos. Ocorreu, sim, um grande esforço dos bancos em se adaptar ao novo cenário. Dessa forma, as instituições reduziram seus quadros, trocando funcionários por tecnologia da informação, por exemplo, com o objetivo de cortar custos operacionais.

A globalização dos bancos ocorreu, principalmente, impulsionada por dois cenários: a automação do setor e a liberalização dos mercados financeiros. A economia brasileira, sentindo os efeitos da globalização dos anos de 1990, ainda lutava para reduzir seus níveis inflacionários.

Porém, ao abrir sua economia, incrementando exportações e importações, o mercado brasileiro exigiu o desenvolvimento de produtos e serviços financeiros mais ágeis. Percebeu-se, então, a ineficiência de alguns setores domésticos, industriais ou comerciais, com baixa lucratividade e com a consequente incapacidade de honrar empréstimos bancários.

O corte de subsídios a alguns outros segmentos da economia atuou no mesmo sentido, elevando a inadimplência no sistema bancário. A política monetária restritiva, uma das principais ações do Plano Real no combate ao processo inflacionário, também causou dificuldades a muitos setores da economia.

De 2000 a 2007, houve uma queda de 20% no número de bancos. Vimos também a diminuição do número de bancos nacionais com participação estrangeira, em decorrência da aquisição desses por instituições estrangeiras. A globalização chegara, de fato, ao mercado financeiro brasileiro, reconfigurando o cenário local.

Ao analisarmos os anos de 2004 a 2008, percebemos que a economia brasileira cresceu impulsionada, inicialmente, pela rápida expansão das *commodities* e, na sequência, pelo aumento no consumo das famílias, devido ao maior estímulo ao crédito bancário e aumento da renda familiar.

De 2003 a 2010, assistimos ao acesso popular aos bancos, à abertura de contas correntes simplificadas (veja bancarização no *Capítulo 4*), ao acesso ao crédito consignado, crédito e microcrédito aos consumidores, ao ganho de economia de escala, com fusões e aquisições, e ao aumento da competitividade dos bancos brasileiros.

Essa expansão dos bancos e seus produtos, não somente em variedade, mas, principalmente, em número crescente de clientes, ocorre justamente com a chegada da internet, ainda que com algumas ressalvas e desconfianças iniciais entre clientes e bancos.

Nascia ali, o cenário perfeito para o desenvolvimento de novas tecnologias voltadas para um segmento com custos cada vez maiores e para uma geração de consumidores habituados a um mercado financeiro de intensas mudanças, graças aos inúmeros planos econômicos anunciados da noite para o dia no país.

Tecnologia financeira e automação bancária: um breve histórico

Nenhum setor e nenhuma indústria investiu tanto em tecnologia como as empresas voltadas para a atividade financeira, principalmente os bancos. Com esses investimentos, foi possível buscar maior agilidade nas transações, custos menores e redução de erros operacionais.

Aqui cabe uma pequena observação: a ampla adoção de novas tecnologias pelo mercado financeiro acabou causando, inicialmente, um efeito adverso do ponto de vista humano. Se por um lado toda essa tecnologia e investimentos serviram ao propósito de redução de custos e eficiência operacional, também é verdade que, por outro lado, provocou um distanciamento na antiga relação banco–cliente, tirando o foco do usuário. Se, além desses objetivos internos, os bancos estivessem atentos para o que falavam os clientes, certamente estariam mais preparados para lidar com o fenômeno *fintech* no mercado financeiro.

As *fintechs*, que passaram a povoar o mercado financeiro a partir daí, possuem um extremado foco no cliente, tratando-o como um verdadeiro "rei" e entregando uma experiência de consumo que ele nunca havia acreditado ser possível vivenciar. O foco agora estava nele, e isso mudou drasticamente sua percepção sobre provedores de serviços desse setor.

Um caso emblemático é o do Nubank, uma das instituições financeiras mais amadas do país, possuindo uma legião de fãs que declaram seu amor pela marca nas redes sociais e fazem questão de militar em favor da companhia. Além de um atendimento de alta qualidade, a *fintech*, vez ou outra, faz questão de mimar seus clientes com brindes e ações específicas (que vão de sessões de meditação na sede até eventos exclusivos de lançamento de novas funcionalidades).

Além da própria tecnologia, as *fintechs* exercitam com maestria um *marketing one-to-one*, que vem com o objetivo de humanizar e personalizar as relações empresa–cliente. Baseiam-se na individualidade dos clientes e na personalização de produtos e serviços, por meio de um conhecimento do mercado adquirido pelo diálogo e pelo *feedback* de cada cliente. O *marketing one-to-one* ajuda não apenas a conquistar clientes, mas a fidelizá-los. Segundo Philip Kotler, as empresas devem deixar de enfatizar o marketing conquistador de clientes e passar a enfatizar o marketing retentor de clientes.

Essas novas *startups* financeiras passaram a definir seus modelos de negócio e operações a partir das necessidades dos usuários. Parece óbvio, mas não era desse modo que os bancos se relacionavam e enxergavam seus clientes. Bastava ver a reação dos mesmos ao serem apresentados, pela primeira vez, a um produto ou serviço de uma *fintech*.

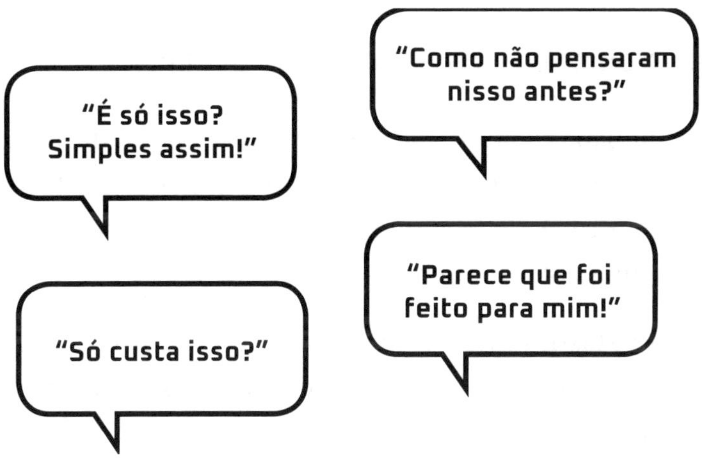

Os bancos poderiam ter aproveitado os elementos tácitos do contato com os clientes, afinal a história financeira de cada um de nós estava lá, pronta e disponível para ser transformada em conhecimentos aplicados na elaboração de novas soluções, produtos e serviços.

Porém, não deram atenção ao fato de que, apesar de toda tecnologia disponível e da concentração bancária, o fluxo de informações mais importante é o de fora para dentro, do cliente para a empresa.

A automação bancária fez as instituições passarem por uma reengenharia que privilegiava o uso do computador, enfatizava a racionalização dos sistemas, a normatização dos processos e a eficácia dos controles financeiros e contábeis. As orientações no desenvolvimento de suas soluções eram muito focadas no produto, que, em muitos casos, era imposto ao consumidor, que não dispunha de alternativas à época. Por conta disso, o foco no cliente ficou em segundo plano, fato que abriu espaço para o surgimento das *fintechs*.

Isso quer dizer que os bancos irão acabar?

Certamente não. Uma afirmação como essa soa muito simplista e estreita. O que temos que ter em mente é que o papel da atividade bancária vem se transformando com o tempo, como já aconteceu em outros momentos da história.

Não há indústria mais forte no país, com ou sem as *fintechs*, do que os bancos. Esse segmento reúne os melhores e mais capacitados profissionais do país.

Verdade seja dita, a automação bancária brasileira é reconhecida mundialmente como referência em qualidade e inovação. É uma das redes bancárias mais integradas, mesmo com uma grande distribuição geográfica. Hoje, entre as aplicações típicas de tecnologia nesse setor, podemos apontar o *internet banking*, os sistemas de gestão empresarial específicos (ERP — Enterprise Resource Planning), os sistemas de relacionamento com os clientes (CRM — Customer Relationship Management), a infraestrutura de comunicação (como, por exemplo, comunicação entre agências bancárias e comunicação entre caixas automáticos), os sistemas de análise de crédito, dentre outros.

Certamente não foi fácil construir toda essa capacitação. Entretanto, a tecnologia da informação, por si só, já não é mais suficiente para a competitividade, ela deve estar aliada a outros fatores, ou seja, a competitividade organizacional é alavancada pelo melhor uso dos recursos da tecnologia, como forma de melhorar a chamada "jornada do cliente".

Gerações e padrões de consumo

Sabemos que o mundo mudou, e muito. Também percebemos que a economia depende da compreensão do comportamento humano, e o fenômeno das *fintechs* tem como uma das principais características buscar soluções para atrair e atender novas gerações.

A utilização da tecnologia já modificou o modo como são prestados os serviços financeiros, mas essa transformação tecnológica e a busca por inovações têm sido acentuadas pela chegada dos *millennials*, ou geração Y, ao mercado financeiro, que por sua vez tem se esforçado para compreender o comportamento desses jovens nascidos entre 1980 e 1997.

Essa geração começou a exigir não somente o acesso online a suas contas e serviços bancários, como também passou a priorizar aqueles que lhe oferecessem uma experiência de consumo adequada a seus valores, crenças e modo de vida.

Foram justamente os *millennials* que ditaram o novo ritmo dessa indústria para os demais grupos sociais. Esses jovens vieram na sequência da chamada geração X (pessoas nascidas entre 1965 e 1980), que, por sua vez, sucedeu os *baby boomers* — pessoas nascidas após a Segunda Guerra Mundial, entre 1946 e 1964.

As pessoas nascidas após os anos 2000 já compõem a chamada geração Z, indivíduos que nasceram digitais, conectados e que nunca viram o mundo sem internet, também chamados de *centennials*. Eles priorizam o acesso digital, usam cada vez menos o dinheiro em espécie como forma de pagamento, utilizando cartões e celulares para essa finalidade.

Podemos dizer que, enquanto os *baby boomers* foram idealistas e revolucionários, os membros da geração X foram materialistas, competitivos e individualistas. Já os *millennials*, a geração que desperta maior interesse atualmente, são questionadores, têm visão global e conectada. São mais céticos que qualquer outra geração, e esse ceticismo se estende às instituições financeiras, em decorrência das últimas crises que presenciaram, como a de 2008, e de seus efeitos sobre o mercado financeiro como um todo.

Eles já representam mais de 30% da população brasileira e em 2025 serão 75% da força de trabalho. Entendê-los de forma ampla e traçar estratégicas específicas voltadas para esse público é fundamental para o futuro dos serviços financeiros. Há muitas oportunidades para as *fintechs* focadas em soluções para atender e atrair essa geração.

São vistos como dependentes de tecnologia, céticos, impacientes, flexíveis, conectados, conhecidos por buscar soluções de baixo custo e pesquisar na hora de comprar. Iniciaram sua vida adulta em plena recessão e têm apresentado um comportamento peculiar ao qual as empresas tradicionais estão tendo de se adaptar.

A maioria dos *millennials* acredita que grandes inovações virão de fora da indústria bancária, com ofertas diferentes de serviços financeiros por meio de empresas de tecnologia, como Amazon, Apple, Google, PayPal, e deseja produtos e serviços cuja experiência lhe proporcione um caminho simples, rápido, transparente e com menor custo.

Esses consumidores agora comparam a experiência que têm junto a provedores de serviços financeiros tradicionais com a experiência que empresas de tecnologia, das quais são fãs, oferecem. Para eles, nada menos do que isso é tido como aceitável, ainda mais nos dias de hoje.

Por esse motivo, a jornada do cliente, ou seja, o caminho e as etapas que o cliente deverá passar para adquirir um produto ou serviço, tornou-se a grande preocupação da indústria financeira.

Devemos focar apenas nos millennials?

O mercado está em constante evolução e, por conta disso, não há mais espaço para a preservação de velhos modelos. A rápida mudança no comportamento de consumo das novas gerações tem mostrado quc o futuro das operações tradicionais precisa ser repensado sob novos conceitos.

Em termos de consumo, os *millennials* (bem como os *centennials*) apontam tendências e definem novos padrões. Porém, o mercado deve olhar também para os *baby boomers* e a geração X, uma vez que esses ainda são grandes consumidores de produtos e serviços.

Muitos empresários veem no envelhecimento da população uma oportunidade de negócio. De acordo com o Instituto Brasileiro de Geografia e Estatística (IBGE), mais de 21 milhões de brasileiros têm 60 anos ou mais. Até 2025, serão 32 milhões, estima a Organização Mundial de Saúde (OMS). Essa população será responsável pelo aumento do consumo e, consequentemente, pelas oportunidades geradas por ele.

Trata-se de uma geração silenciosa, mas que ganha crescente importância e obriga o mercado a redefinir seu posicionamento. Eles estão, cada vez mais, movimentando recursos. Com o aumento da expectativa de vida, já são a faixa etária que mais cresce no Brasil e no mundo.

As novas gerações estão totalmente conectadas à internet e não conseguem imaginar suas vidas sem ela, e as anteriores não ficaram alheias a essa realidade e têm consumido intensamente novas tecnologias.

De modo geral, e independentemente da geração, poupar tempo por meio da conveniência é, sem dúvida, uma enorme tendência global de consumo. Graças ao avanço dos dispositivos móveis (como os smartphones), caminhamos a passos largos nessa direção.

Não há como fugir: as empresas devem explorar esse mundo conectado. Oferecer produtos e serviços na rede já é um item básico em vários mercados, inclusive no financeiro.

Conveniência, rapidez, simplicidade e transparência são características esperadas em produtos e serviços não somente pelas novas gerações, mas também pelas demais.

Mas, afinal, por que o Brasil é um país único para as fintechs?

Nesse breve resumo histórico do mercado financeiro, mostramos o quanto a economia brasileira e as mudanças no perfil de consumo mudaram nos últimos anos. Entender os avanços e transformações nessas áreas é de fundamental importância para que possamos identificar com maior clareza os motivos do crescimento do fenômeno *fintech* no Brasil.

Os índices de satisfação dos usuários brasileiros de serviços financeiros são historicamente muito baixos em comparação a outros setores da economia, para não falar de um crescente sentimento de aversão aos bancos, também observado em outros lugares do mundo.

Mudar essa imagem ruim sempre foi um grande desafio para o setor, sendo que milhões são investidos em marketing pelas instituições para fortalecer esse aspecto. As *fintechs*, facilitando os processos antes morosos e burocráticos por meio da tecnologia, estão mudando a percepção dos usuários e mostrando que é possível consumir produtos e serviços financeiros de uma forma diferente.

O brasileiro sempre contou com um sistema conservador e concentrado de serviços financeiros. Aliado a isso, há a dificuldade das grandes organizações mexerem em seu legado e priorizarem a inovação em detrimento de outras questões do dia a dia. Imaginem o que é preciso para alterar um sistema em um grande banco com mais de 5.000 agências, por exemplo.

A alta concentração bancária — em que poucas instituições possuem grande representatividade no mercado — foi também um fator que motivou o desenvolvimento das *fintechs* no Brasil. Esses novos entrantes acabavam apresentando alternativas em alguns nichos específicos que estavam sendo mal explorados pelos principais bancos do país. Um exemplo é o crédito com garantia de imóveis (conhecido no exterior como *home equity*), produto que sempre teve um difícil processo de contratação na grande maioria dos bancos, ainda mais considerando que representava competição com outras alternativas de crédito mais rentáveis internamente. As fintechs aproveitaram para entrar e crescer nessas e em outras brechas, entregando soluções mais baratas e experiência superior para o usuário.

Não é difícil perceber que as *fintechs* encontram um ambiente repleto de oportunidades no país, basta analisarmos alguns *cases* de sucesso como o Nubank, por exemplo. Segundo uma pesquisa realizada globalmente pela consultoria EY em 2017, o Brasil é um dos países mais receptivos à adoção de novas soluções e tecnologias no mercado financeiro, ficando em quarto lugar geral dentre os países analisados.

Do ponto de vista de negócios, as *fintechs* brasileiras são mais focadas no **mercado local**, enquanto as norte-americanas e europeias olham muito mais para o global. Isso se deve tanto ao perfil dos empreendedores quanto às características únicas oferecidas no país. Aqui, por exemplo, temos uma infraestrutura melhor em pagamentos. Por outro lado, ainda existem desafios para inclusão bancária.

Em relação a algumas inovações específicas, existem coisas que só temos no Brasil. É o caso, por exemplo, dos boletos bancários. Trata-se de um produto simples e eficaz, que faz girar nossa economia há um bom tempo. Ficar atento a essas particularidades próprias do nosso país é essencial para poder inovar com *fintechs* por aqui.

Essas particularidades também abrem espaços únicos, como é o caso de plataformas de empréstimo. Há oportunidades especiais principalmente para quem oferece crédito para pequenas e médias empresas, um mercado que ainda tem muito o que crescer por aqui.

Nesse movimento *fintech* recente, surgiram algumas plataformas de crédito no Brasil que funcionam como uma alternativa às soluções tradicionais. Desse modo, os empreendedores dispõem de mais opções além dos bancos e financeiras.

As *fintechs* que oferecem essa alternativa geralmente possuem uma análise de crédito mais moderna e conseguem reduzir bem os custos de suas operações. Elas mudaram completamente a expectativa e experiência em relação ao crédito. É o olhar voltado ao cliente que faz toda a diferença.

Dentre os subsetores que têm se desenvolvido e revolucionado o mercado brasileiro, podemos destacar: pagamentos, empréstimos digitais, *crowdfunding*, *equity crowdfunding*, gestão financeira (pessoal e empresarial), *wealthtech* (voltadas para investimentos e gestão de recursos) e *neobanks* (bancos digitais).

Como esse movimento é irrefreável e acontece em todo o mundo, o futuro se mostra bastante promissor. Se os investimentos em *fintechs* no Brasil se mantiveram altos em tempos de crise, há grandes chances de continuarem em tempos de recuperação econômica.

Mas o principal é que há muita gente trabalhando, inclusive no setor público, para avançar as *fintechs* no país. Existem projetos cada vez mais robustos e já se começa a desenhar de forma mais clara a regulamentação do setor.

Os próximos capítulos trarão informações mais detalhadas e específicas sobre essa transformação que já é uma realidade e que pode ser uma opção para seu próximo empreendimento. Por que não?

É o momento de mudar a maneira como lidamos com nossas questões financeiras e, ao entender o processo, você poderá fazer parte dele.

Capítulo 2

A GÊNESE FINTECH: ORIGEM, PRIMEIROS IMPACTOS E MUDANÇAS NO SISTEMA FINANCEIRO

Uma das primeiras utilizações do termo *fintech* que se tem notícia aconteceu em um artigo escrito nos anos de 1980 por Peter Knight para o jornal britânico Sunday Times. Nos anos que se seguiram, algumas empresas colocaram a palavra "*fintech*" no nome (seja escrita com apenas a primeira letra maiúscula ou com o "F" e o "T" maiúsculos — *FinTech*), como foi o caso de uma companhia que negociava títulos de dívida podre (dívida prescrita), uma empresa sul-africana de eletrônicos, dentre outros. A ideia era passar uma impressão clara de atuação no mercado financeiro com uso de tecnologia.

No início dos anos de 1990, a Citicorp (grupo que antecedeu o Citigroup) batizou seu projeto de cooperação com terceiros na área tecnológica de "*fintech*".

Outro momento no qual essa expressão apareceu para o grande público foi em 2010, quando a Accenture, junto da Partnership Fund for New York City, criou o nome Fintech Innovation Lab para designar o programa de aceleração de startups financeiras da cidade de Nova York.

Antes de seguirmos adiante, vale delimitarmos o conceito do que é uma *fintech* de acordo com o entendimento de alguns órgãos internacionais e estudiosos. **Segundo o Fórum Econômico Mundial, *fintech* é a abreviação de *financial technology* e refere-se ao uso inovador de tecnologia na criação e entrega de produtos e serviços financeiros.** Algumas vozes globais do setor, como o especialista britânico Chris Skinner, complementam dizendo que o cerne do movimento *fintech* tem menos a ver com tecnologia e mais a ver com a criação ou reinvenção de modelos de negócio que coloquem o cliente no centro de tudo. Como vimos no capítulo anterior, o foco no cliente é um fator importantíssimo para essas empresas, e a tecnologia é, de fato, muito mais um meio para operacionalizar essa visão do que um fim.

O começo do movimento *fintech*, tal como contextualizado nos dias de hoje, aconteceu no final da década de 1990 com a criação do PayPal, na Califórnia. O PayPal teve papel relevante na mudança do comportamento das pessoas com relação à experiência de pagamentos na internet, sendo considerada por muitos especialistas como a primeira *fintech* do mundo.

PayPal — a *fintech* original

Muito antes do termo *fintech* se tornar tão conhecido, o conceito que norteia as empresas inovadoras já era praticado pelo, atualmente gigante, PayPal. Algumas das mentes mais visionárias do mundo fizeram parte da fundação da empresa ou ocuparam cargos diretivos por lá, como Peter Thiel, Elon Musk, Reid Hoffman, Max Levchin, dentre outros. Esse grupo de executivos anteriores da companhia ficou conhecido globalmente como "A máfia do PayPal", cujos membros estão hoje por trás de importantes empresas de investimento e tecnologia do mundo, como Tesla, Palantir, LinkedIn etc.

No site ou aplicativo do PayPal, é possível fazer pagamentos e transferir dinheiro — inclusive envolvendo diferentes moedas. Os serviços podem ser usados entre pessoas físicas e jurídicas. As transações realizadas no ambiente online não têm intermediação bancária. O usuário pode inclusive fazer compras em lojas de comércio eletrônico, por exemplo, e usar a sua conta PayPal para pagar. Dessa forma, não é necessário informar o número do cartão de crédito à loja. Essa informação fica restrita ao PayPal, que faz a intermediação de toda a operação, repassando os valores para a empresa e, quando necessário, protegendo o usuário de eventuais fraudes.

Em 2002, a empresa foi vendida ao eBay (empresa de comércio eletrônico) por 1,5 bilhão de dólares e, em 2015, abriu o capital na bolsa norte-americana Nasdaq.

Além do gigante PayPal como precursor das *fintechs* (que tinha sua atuação na área de pagamentos e movimentação de recursos online), vale destacar a empresa inglesa Zopa (surgida em 2005) também como *fintech* pioneira, porém com atuação no, então recém-inaugurado, segmento de empréstimos *P2P (Peer-to-Peer lending, ou P2P lending).*

Por meio do *P2P lending*, o tomador do crédito, com pouco ou nenhum acesso ao crédito bancário tradicional, seja pela falta de histórico financeiro ou pela escassez de linhas de crédito, ganha uma nova alternativa eficiente de financiamento. Essa modalidade de empréstimo para pessoas físicas ou empresas, sem necessariamente contar com uma instituição financeira no âmbito operacional, é viabilizada de um lado por um grupo de investidores organizados através de uma plataforma digital operacionalizada no formato de *marketplace*, que por sua vez oferece um ambiente de conexão entre pessoas ou empresas que precisam de um empréstimo às pessoas dispostas a emprestar dinheiro.

Por contarem com arranjos organizacionais e operacionais enxutos e plataformas tecnológicas leves, o custo da prestação de seus serviços é baixo se comparado ao de um banco comercial ou de uma financeira, cujas estruturas costumam ser mais carregadas.

As plataformas de empréstimo *P2P* conseguem oferecer, aos que emprestam, a possibilidade de retornos financeiros mais atrativos do que a alocação do valor emprestado em produtos bancários tradicionais, como poupança ou papéis de renda fixa e, para quem faz um empréstimo, as taxas de juros são mais justas e menos onerosas do que as ofertadas pelos bancos. A estrutura jurídica para viabilizar tais operações varia muito de país para país, observando aspectos legais do sistema financeiro onde essas *fintechs* atuam.

O **peer-to-peer lending**, conhecido em português como "empréstimo coletivo", "empréstimo online", "comunidade de empréstimos" ou, ainda, "empréstimos entre pares", é um dos elementos da maior revolução que aconteceu no mercado financeiro nos últimos anos, com o surgimento das *fintechs.* As plataformas de *P2P lending* são sites que conectam pessoas ou empresas que estão buscando empréstimos com investidores querendo retornos acima da média. Assim, o *peer-to-peer lending* proporciona empréstimos entre tomadores e investidores que são conectados em suas ofertas (capital dos investidores da plataforma que será emprestado) e demandas — recursos buscados por tomadores de operações de crédito.

?!

Zopa e Funding Circle — Precursoras Britânicas dos Empréstimos Digitais

A primeira plataforma a oferecer o *P2P lending* no mundo foi a Zopa, que iniciou suas operações em fevereiro de 2005. Localizada em Londres, operava uma plataforma de empréstimos *P2P* voltada para finanças pessoais, em que não há intermediação bancária reduzindo as taxas e concedendo empréstimos até mesmo às pessoas que, por algum motivo, não tinham conta em banco. A Zopa atua há mais de uma década no mercado e, desde então, está entre as líderes em movimentação de empréstimos digitais.

Outra grande plataforma do Reino Unido é a Funding Circle, que iniciou suas operações em agosto de 2010. O foco da empresa é conceder empréstimo para pequenas e médias empresas. Chegou a ultrapassar a Zopa em volume de negócios na plataforma e ganhou a liderança do mercado britânico de financiamento entre pares.

continua...

continuação.

Desde 2014, o empréstimo *P2P* no Reino Unido passou a ser regulado pela autoridade bancária local, a FCA (Financial Conduct Authority), tendo sido estabelecido pelo regulador que os contratos de empréstimos originados por essa modalidade não se qualificam para eventual recuperação de perda financeira pelo fundo garantidor de crédito local (FSCS — Financial Services Compensation Scheme). No entanto, o regulamento faz com que as plataformas implementem procedimentos internos ou arranjos de reembolso mínimos para atenuar possíveis efeitos negativos em casos de fraudes ou perdas financeiras, sem delimitar valores ou procedimentos específicos.

Motivações e fatores facilitadores do fenômeno fintech

É importante mencionar, ainda que pareça óbvio, que o surgimento e a adoção ampla da internet por empresas e pessoas em geral servem como plano de fundo para a revolução tecnológica que assistimos nas últimas décadas. De uma forma ou de outra, a internet pavimentou o caminho para o surgimento de muitas outras tecnologias.

No caso da indústria de serviços financeiros, os avanços tecnológicos causados pela internet foram significativos, resultando em produtos e serviços que mudaram a cara da indústria como um todo. Esses rápidos avanços tecnológicos definitivamente colaboraram para facilitar a ascensão das *fintechs*, sendo importantes fatores possibilitadores desse movimento. No entanto, não podemos considerar que o fato de a tecnologia estar disponível explica completamente as motivações e os caminhos que levaram ao surgimento das *fintechs*.

As *fintechs* surgem para preencher algumas lacunas do sistema financeiro, mas não apenas as tecnológicas.

Assim como a maioria das inovações, o uso da tecnologia sem dúvidas permitiu às *fintechs* oferecer novos produtos e serviços, que não eram possíveis até bem pouco tempo. No entanto, a aplicação da tecnologia aos serviços financeiros não é um fenômeno novo. Há décadas o setor investe e implementa novas tecnologias e, portanto, ela, por si só, não pode explicar o fenômeno das *fintechs.*

As lacunas, neste caso, foram sendo criadas lentamente pelos bancos, por outras instituições financeiras e pelos órgãos reguladores, que demoraram para perceber que seus clientes demandavam e ansiavam por serviços e produtos, mais simples, ágeis e mais baratos.

Neste imenso grupo de pessoas, não estavam apenas os novos usuários das tecnologias ou os novos entrantes no mercado financeiro, mas também os clientes regulares. Em sua maioria, cansados de uma relação desgastada, resultante da massificação dos produtos e serviços.

Quando as primeiras *fintechs* surgiram no mercado, as propostas pareciam simples e, em muitos casos, até ingênuas.

Mas por que não pensaram nisso antes?

O fato é que as *fintechs* se propuseram a ocupar estas lacunas, fazendo aquilo que parecia lógico e óbvio, mas que, ao longo de anos, foi sendo transformado pela indústria financeira em algo complexo, difícil, burocrático e caro.

Serviços que demoravam horas ou dias para serem entregues foram disponibilizados com um simples aplicativo, ao toque de poucas teclas, ali em seu celular. Horas ao telefone com uma central de atendimento, que muitas vezes sequer entendia o problema do cliente, foram transformadas em curtas e instantâneas mensagens. Longas, cansativas e burocráticas trocas de papéis e informações foram substituídas por fotos de celular.

Portanto, as grandes mudanças no sistema financeiro, promovidas pelas *fintechs*, não surgiram por meio de grandes equipamentos e aparatos tecnológicos ou de grandes estruturas organizacionais. Surgiram, se pudéssemos simplificar, daquela velha expressão americana: "*back to the basics*". E assim foi.

Mas, afinal, o que mudou?

Mudaram as necessidades e expectativas do **consumidor**, principalmente em função da amplitude e da facilidade de comunicação, que surgiu com a criação de múltiplos novos canais de interação entre as pessoas e empresas — Facebook, Twitter, WhatsApp.

A multiplicidade de canais de comunicação e a facilidade de se pesquisar por qualquer informação abriram as portas e as cabeças dos consumidores para serviços e produtos, ampliando radicalmente o universo de opções, antes limitada ao mundo offline.

O mundo havia mudado e, com certeza, para melhor. Mudaram também os desejos, objetivos, valores e crenças dos clientes, agora, ávidos por serviços e produtos a seu tempo.

A oferta de produtos e serviços *omnichannel* também afetaria os serviços financeiros — historicamente, um dos segmentos mais problemáticos quando se mensura a satisfação dos clientes.

Omnichannel é uma abordagem estratégica que considera a convergência da experiência do cliente no relacionamento com uma empresa ou marca, independente se o canal utilizado por ele seja digital (aplicativo, redes sociais, interação por voz) ou físico (estande de vendas, lojas, dentre outros). Deste modo, o consumidor pode escolher a melhor forma de interação de acordo com o contexto no qual se encontra, da forma que lhe seja mais cômoda.

Dentro desse conceito, uma transação pode facilmente começar em uma rede social (como o Instagram) e ser finalizada no mundo físico (um estande de vendas), por exemplo. A transição suave entre os diferentes canais é a chave para que seja mantida a uniformidade da experiência, passando uma sensação natural, fluida e agradável para o consumidor.

Para uma abordagem *omnichannel* bem-sucedida, é primordial que a empresa proporcione a melhor conveniência, confiabilidade e consistência possível em experiência em seus diferentes canais. Com o tempo, através da leitura dos dados dessas interações, é possível ter um melhor entendimento das preferências do consumidor em termos de canais e de efetividade de certas abordagens junto a diferentes públicos. Como resultado, há uma melhora do engajamento e da percepção dos clientes em relação à empresa, podendo levar, em alguns casos, à transformação do cliente em um fã.

?!

Conectadas ao que há de mais moderno, as *fintechs* prometem melhorar as experiências dos clientes e transformar o modo como lidam com o dinheiro. Elas trazem ao mercado processos mais eficientes, modelos de negócios mais transparentes, maior agilidade no atendimento, menos burocracia e alto nível de personalização no contato com cada usuário.

E como isso muda o mercado financeiro?

Lembram-se das lacunas? Pois bem, toda crise é propulsora de novas oportunidades e, nesse caso, foi o combustível para novos nichos de atuação, novas empresas, produtos e serviços.

A crise financeira de 2007 e 2008 foi a maior da história do capitalismo desde a Grande Depressão de 1929. Teve início nos Estados Unidos, após o colapso da bolha especulativa no mercado imobiliário, incentivada pela desmedida expansão de crédito bancário. A crise se espalhou pelo mundo todo em poucos meses.

Por volta de 1998, os bancos dos Estados Unidos começaram a emprestar dinheiro a muita gente que não tinha como pagar. Até mesmo desempregados que não comprovavam renda nem tinham patrimônio conseguiam ser aprovados pelo banco para receber um financiamento. Eles poderiam dar a própria casa como garantia para vários empréstimos. Esse tipo de crédito era conhecido como *subprime* — de segunda linha. O volume de financiamentos desse tipo era gigantesco, o problema é que os devedores não pagaram suas dívidas. Como essas dívidas estavam nas mãos de bancos e fundos de investimentos do mundo todo — inclusive sob a forma de novos instrumentos financeiros criados pela própria indústria —, houve um efeito dominó no mercado.

O desemprego atingiu índices altíssimos, sobretudo entre os mais jovens, e muitas empresas faliram. Muitos executivos do mercado financeiro e de consultorias de gestão ficaram sem seus empregos. Profissionais capacitados passaram, então, a empreender e aplicar seus conhecimentos em startups, fazendo com que se impulsionasse ainda mais o movimento *fintech*, principalmente nos principais polos financeiros do mundo.

As **demandas regulatórias** e a **aversão ao risco** aumentaram. Bancos tradicionais nos Estados Unidos deixaram de operar com alguns produtos e segmentos de negócios e, com isso, surgiram nichos de mercado (as tais lacunas), aproveitados pelas *fintechs*.

Elas chegaram com produtos e tecnologias inovadoras com o objetivo de superar algumas das vantagens dos bancos tradicionais.

As condições macroeconômicas da economia norte-americana e europeia, especificamente o **ambiente com baixa taxa de juros**, contribuiu para o desenvolvimento e utilização de inovações características das *fintechs*. Esse cenário também aumentou os incentivos das instituições financeiras para reduzir seus custos. Algumas *fintechs* aproveitaram o ambiente para criar soluções voltadas à redução dos custos das atividades realizadas pelas instituições financeiras.

A reputação dos bancos junto ao grande público ficou também seriamente abalada, pois, enquanto a economia ia mal, o governo norte-americano resgatava instituições "grandes demais para quebrar", utilizando o dinheiro do contribuinte e revoltando parte da população. Essa insatisfação levou a movimentos como o **Occupy**

Wall Street, uma série de protestos no qual se denunciava a impunidade dos responsáveis e beneficiários da crise financeira mundial.

Um processo de mudança cultural, observado principalmente pelos *millennials*, que acompanharam os primeiros anos da internet, foi também importante nesse processo de transição do mercado financeiro. Em pesquisa realizada em 2013 por uma empresa de consultoria do conglomerado de mídia Viacom, foi apontado que 71% dos jovens norte-americanos entrevistados preferiam ir ao dentista a ouvir as ofertas realizadas por bancos tradicionais, sendo que eles não viam diferenças entre os bancos de que eram correntistas e todos os outros concorrentes. Para esses jovens, fazia mais sentido utilizar os serviços altamente especializados e específicos ofertados por uma *fintech* independente em vez de consumir os diversos produtos ofertados pelas instituições bancárias — que, por vezes, eram massificados, tinham custos mais elevados e atendimento mediano. Esse fenômeno ficou conhecido como ***unbundling*** ou fragmentação do mercado financeiro, assunto que será abordado no decorrer dos capítulos. Esse fenômeno se traduziu em uma importante mudança de visão desse novo público, na forma como consomem e se relacionam com produtos e serviços financeiros, no qual a utilização e teste de novas soluções se tornou algo comum e cada vez mais frequente.

Aos olhos de muitos estrategistas, o movimento *fintech* vive seus dias de glória. Com todo o barulho provocado por esse movimento, as *fintechs* mais expressivas do mercado estão estabelecendo parcerias ou, até mesmo, sendo adquiridas por conglomerados do setor financeiro mundo afora. Uma das grandes tendências que se tem visto é a colaboração com empresas tradicionais. Para acompanhar o momento de transformação, grandes bancos e instituições financeiras já abriram áreas de negócios alinhadas ao novo mercado *fintech* e estão criando aceleradores para fomentar a pesquisa e o desenvolvimento de tecnologias, tornando-se mais presentes nesse ecossistema.

Soluções voltadas à redução dos custos bancários e serviços pensados para a total satisfação do cliente, combinadas à evolução dos smartphones e às diversas tecnologias como *big data* (análise e interpretação de grandes volumes de dados de grande variedade), computação em nuvem, inteligência artificial, *machine learning* (aprendizagem automática de máquinas), dentre outras, contribuíram com a explosão do movimento *fintech*.

Em alguns lugares do planeta, o desenvolvimento das *fintechs* ocorreu de forma mais rápida e intensa do que em outros. Em Londres, por exemplo, em função da presença de muitas instituições financeiras multinacionais e pelo desenvolvimento de uma regulamentação mais amigável às *fintechs*, formou-se um dos principais *hubs* de *fintechs* do mundo.

E por aqui?

Temos visto um movimento crescente do segmento, iniciado próximo ao ano 2000 e ganhando forte impulso por volta de 2015. Os brasileiros, ávidos por inovação e altamente conectados, têm aderido aos produtos ofertados pelas *fintechs* locais, e as *fintechs* estrangeiras passaram a observar todo esse movimento e olhar para o Brasil como importante destino de expansão na região latino-americana.

Nos capítulos seguintes, veremos um pouco mais sobre como as *fintechs* têm afetado o mercado financeiro global e local, reconfigurando o sistema atual.

Capítulo 3

OS SUBSEGMENTOS FINTECH

Dentro do vasto universo *fintech*, encontramos diferentes subsegmentos e vertentes junto a empresas atuando de forma focada em nichos específicos. Como dito em capítulos anteriores, um dos fatores que garantiu a popularização das *fintechs* no início foi justamente a prestação de serviços superiores, com experiência de excelência, em áreas nas quais provedores tradicionais com ampla oferta de produtos, tais como os bancos, navegavam praticamente sozinhos sem terem uma boa percepção de valor por parte dos clientes. Os consumidores, então, começaram a testar as soluções ofertadas pelas *fintechs* e a escolher as diferentes formas com as quais gostariam de realizar seus investimentos, pagamentos, empréstimos, remessas internacionais de recursos, dentre outros, montando seus próprios portfólios diversificados de experiências financeiras. Esse movimento ficou conhecido como a "fragmentação" (*unbundling*, em inglês) do mercado financeiro, e fez com que as *fintechs* crescessem, pouco a pouco, em mercados anteriormente dominados por grandes instituições financeiras. Hoje, contudo, tem sido observado o movimento de agregação (conhecido como ***rebundling***) no meio *fintech*, nas quais essas empresas se aliam e integram entre si ou junto à outras instituições financeira para realizar ofertas conjuntas e complementares. O ***rebundling*** é um movimento natural que aponta não só para a ampliação da experiência do usuário em plataformas *fintechs*, que os clientes aprenderam a amar, mas também para um processo de consolidação do setor no futuro, em que essas plataformas passarão a apresentar ainda mais respostas (suas ou de parceiros) para as diferentes necessidades dos clientes.

A evolução dos bancos e as transformações na forma como os serviços financeiros são ofertados e consumidos

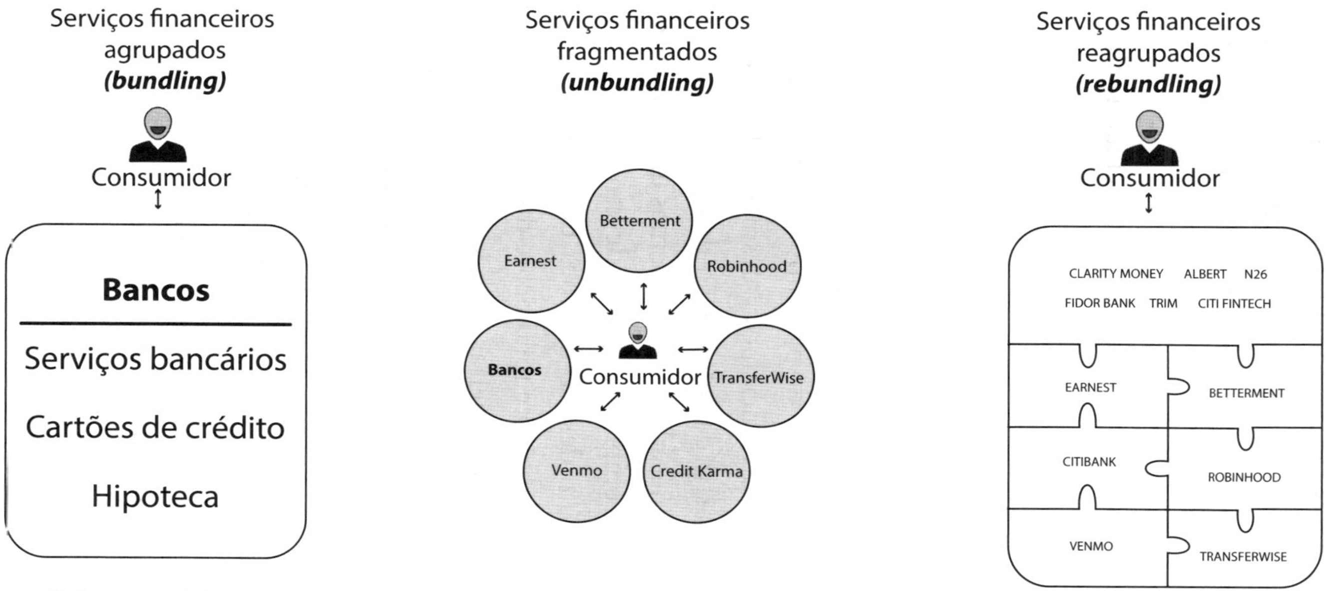

Serviços financeiros agrupados (*bundling*)

Fatores condutores
aproveitamento da base atual de clientes para reduzir o Custo de Aquisição de Consumidores (CAC)

Fatores possibilitadores
marca, desejo do consumidor por confiança

Serviços financeiros fragmentados (*unbundling*)

Fatores condutores
expectativa dos clientes por serviços "*mobile first*", queda dramática do CAC, grande especialização dos negócios em mercados e experiências únicas

Fatores possibilitadores
lojas de aplicativos móveis, APIs abertas, infraestrutura na nuvem, novas regulamentações no setor

Serviços financeiros reagrupados (*rebundling*)

Fatores condutores
CAC elevado em função do aumento da competição, desejo dos consumidores por simplificação e por acesso de ponta a ponta aos melhores produtos financeiros

Fatores possibilitadores
mais APIs abertas, inteligência artificial

Fonte: Citi Ventures.

Apesar de as fronteiras entre os diferentes subsegmentos *fintech* estarem ficando cada vez mais tênues, de tal forma que já podemos ver algumas empresas conseguindo se categorizar em mais de um deles, discorreremos sobre alguns dos principais presentes no mercado financeiro atualmente.

Veja a seguir os subsegmentos que compõem a base atual da atividade *fintech*:

Pagamentos

A forma com a qual as pessoas trocam valores e realizam a contrapartida financeira pela aquisição de produtos e serviços vem se transformando à medida que presenciamos a desmaterialização do dinheiro na sociedade. A partir da introdução dos primeiros cartões de crédito no começo da década de 1950, tivemos uma alteração na forma como realizamos compras no ponto de venda. Já com o surgimento da internet, veio o desafio da troca de valores segura entre pessoas dentro de um ambiente totalmente digital, momento no qual vimos o nascimento das primeiras *fintechs* de pagamento no mundo. A partir daí, houve uma evolução natural para os pagamentos móveis, viabilizados pelo celular, e experiências de pagamento sem fricção (*frictionless*), como aquelas que temos com aplicativos de mobilidade como a Uber — no qual a troca de valores acontece automaticamente, assim que o serviço é acionado ou finalizado.

Para melhor contextualizarmos o vasto segmento de pagamentos e melhor distinguirmos as *fintechs* atuantes nessa área, iremos desdobrá-lo em quatro partes menores, a seguir.

Backend para pagamentos: as empresas dessa categoria atuam desenvolvendo infraestrutura que possibilita pagamentos, o que inclui tecnologias que afetam os emissores e adquirentes de pagamentos. Por aqui encontramos *fintechs* que atuam no segmento *B2B (Business to Business)*, permitindo e facilitando o recebimento pela venda de seus produtos e serviços, principalmente na internet. Dentre os principais exemplos globais nessa categoria, temos:

- **Stripe:** incorporada em São Francisco e lançada em setembro de 2011 pelos irmãos irlandeses Patrick e John Collison, essa *fintech* surgiu com a premissa de tornar fácil o recebimento de lojas online por compras feitas com a utilização de cartões de crédito. O grande trunfo da Stripe estava na forma simples como a habilitação para pagamentos ocorria, simplesmente inserindo algumas linhas de código no site ou no aplicativo do cliente, o que fez com que a solução deles se tornasse uma das preferidas por desenvolvedores ao redor do mundo. Hoje, a empresa oferece diversos serviços complementares para negócios digitais, tais como prevenção a fraudes, cobranças recorrentes e até incorporação de negócios digitais globais (com o produto Stripe Atlas), dentre outros.
- **Klarna:** liderada pelo empreendedor Sebastian Siemiatkowski e fundada em Estocolmo, na Suécia, em 2005, essa companhia foi uma das pioneiras na Europa em prover soluções de pagamentos e cobrança para lojas online. Um dos diferenciais da Klarna está no fato de ela assumir a responsabilidade por inadimplência e fraudes, garantindo o recebimento do vendedor. Dentre outras funcionalidades populares implementadas pela empresa, estão a possibilidade de o comprador poder pagar até 30 dias após o recebimento do produto e a

oferta de parcelamento das compras em até 3 vezes sem juros e em mais vezes, com a oferta online de crédito ao consumidor sendo analisada em tempo real. Essas possibilidades são realmente interessantes, pois não são comuns mundo afora, tal como é no Brasil, sendo essa uma herança dos cheques pré-datados que acabou sendo incorporada pelas operadoras de cartão de crédito por aqui — caso das compras parceladas. Em 2017, a Klarna conseguiu licença bancária plena da autoridade financeira sueca, abrindo ainda mais a possibilidade de oferta de produtos financeiros.

- **Adyen:** fundada em 2006, na Holanda, por um grupo de empreendedores da indústria de pagamentos, a empresa provê não só serviços de pagamentos para *e-commerces*, mas também ponto de venda (POS). Sua plataforma digital suporta diferentes tipos de pagamentos ao redor do mundo, de transferências bancárias em tempo real (como o iDEAL da Holanda) aos boletos brasileiros. Em abril de 2017, a *fintech* recebeu licença bancária para operar na Europa como um banco adquirente — instituição financeira que processa operações de débito e crédito em favor de um comerciante. Em junho de 2018, a empresa abriu capital na bolsa de Amsterdã, a Euronext.

Pagamentos para consumidores (consumer payments): esse grupo é formado por soluções que trazem diferentes formas de pagamento para os consumidores pessoa física, abrindo novas interfaces e possibilidades tanto em transações entre pessoas quanto entre pessoas e empresas. Uma das primeiras *fintechs* do mundo, o PayPal, enquadra-se nessa categoria, pois introduziu uma nova maneira de transacionar valores nos primeiros anos da internet. Como exemplos adicionais, temos:

- **Boku:** *fintech* fundada em 2009, em São Francisco, permite que consumidores paguem por produtos e serviços utilizando o número do celular, tendo as compras debitadas na conta telefônica de sua operadora. Essa solução acaba sendo uma alternativa para pessoas que não possuem cartão de crédito nem conta bancária, ou para aquelas que acham mais cômodo ter suas compras agregadas junto à conta telefônica. A maior parte das compras realizadas via Boku são para a aquisição de serviços e bens digitais, tais como e-books, games, filmes etc.
- **M-Pesa:** sistema de pagamentos eletrônico desenvolvido pela operadora de telefonia Vodafone e lançado no Quênia em 2007. Funciona também como uma carteira digital e permite a utilização de serviços financeiros, tais como depósito e transferências via celular simples — sem a necessidade de um *smartphone*. Mais informações sobre o M-Pesa podem ser encontradas no *Capítulo 4*, sobre inclusão financeira.

Com o passar do tempo, vimos a entrada de grandes empresas de tecnologia, nesse ambiente, ofertando soluções como: Samsung Pay, Apple Pay, Alipay e WeChat Pay, que transformam a experiência dos consumidores e reforçam ainda mais as transações dentro dos seus ecossistemas.

Pagamentos no Ponto de Venda — PDV (Point of Sale — POS): nesse segmento, encontram-se *fintechs* que fornecem soluções de pagamento no mundo físico para empresas, sendo utilizadas no ponto de venda, tais como terminais POS, scanners e tecnologia de pagamentos via QRCode, dentre outras inovações. Após esse terreno ser dominado durante muito tempo por grandes adquirentes e seus fornecedores de tecnologia, como as produtoras de terminais de POS (as famosas maquininhas), tais como Verifone e Ingenico, vimos uma leva de *fintechs* mundo afora criando terminais menores, mais baratos (que podiam inclusive ser vendidos aos comerciantes em vez de alugados, como era comum anteriormente) e com uma agressiva proposta de expansão voltada para pequenos empreendedores e autônomos.

Dentre alguns casos emblemáticos globais, estão:

- **Square:** fundada em 2009, em São Francisco, por Jack Dorsey, um dos cofundadores do Twitter, essa *fintech* começou ofertando um leitor de cartões de crédito que podia ser conectado ao plugue do fone de ouvido de celulares e sincronizado a um aplicativo da Square para os sistemas Android e iOS. Com o passar do tempo, a empresa passou a atualizar e ofertar diferentes versões de seus leitores e a agregar mais serviços financeiros, como: financiamento aos comerciantes, processamento de folha de pagamentos de comerciantes, processamento de pagamentos online, dentre outros. A Square realizou seu IPO, abertura de capital na bolsa de valores, em novembro de 2015.
- **iZettle:** fundada em 2010, na cidade de Estocolmo, por Jacob de Geer e Magnus Nilsson, a startup começou ofertando um aplicativo móvel que se conectava a um leitor de cartões (inicialmente pela entrada do fone de ouvidos, tal como feito pela Square), tendo como principais focos os pequenos negócios e profissionais autônomos. Em seguida, a empresa passou a oferecer o seu próprio terminal POS móvel, conectado ao celular através de bluetooth.

A experiência de compra no ponto de venda vem se transformando e o celular tem ficado cada vez mais no centro desse movimento, sendo inclusive o principal instrumento utilizado para realização de compras presenciais em alguns países, como na China, substituindo quase que completamente o uso dos cartões de crédito de plástico. **A bem-sucedida fusão entre lojas físicas e *e-commerce* tem sido chamada de "novo varejo", e sua mecânica é dominada por conglomerados como o Alibaba.**

Remessas: aqui estão as *fintechs* que se propõem a simplificar e baratear o ato de remeter recursos financeiros a empresas ou pessoas sediadas em diferentes países. Payoneer (norte-americana), Rational FX (com o seu braço chamado Xendpay) e a TransferWise, sediadas no Reino Unido, são exemplos de empresas pioneiras nessa vertente.

- **Payoneer:** fundada pelo israelense Yuval Tal, em Nova York, no ano de 2005, a Payoneer se especializou em facilitar transações entre pessoas ou empresas e seus clientes internacionais ou *marketplaces* globais. Seus serviços são bastante usados por *freelancers* que precisam receber recursos de clientes fora de seu país e *e-commerces* que vendem internacionalmente em plataformas digitais.
- **Rational FX (Xendpay):** a Rational FX foi fundada em 2005 pelos empreendedores Rajesh Agrawal e Paresh Davdra, na cidade de Brighton, Inglaterra, focada em serviços de câmbio e remessas. Em 2006, a empresa lançou o primeiro serviço de pagamentos online do Reino Unido, chamado *e-trade*. Em 2008, a companhia foi transferida para Londres e, em 2009, recebeu autorização do FCA, regulador local, para se tornar uma instituição de pagamentos. Já em 2012, a empresa lançou uma subsidiária chamada Xendpay,

com a promessa de efetuar remessas digitais de forma mais barata, introduzindo também um modelo de pagamento de taxas voluntárias, caso o cliente goste do serviço. A Xendpay acabou se expandindo para outros países e oferecendo seus serviços também para pequenas e médias empresas.

- **TransferWise:** fundada em 2011, pelos estonianos Kristo Käärmann e Taavet Hinrikus, na cidade de Londres, a TransferWise tem como premissa a remessa internacional de recursos usando a taxa de câmbio comercial dentro de até 48 horas. Para tal, a empresa dispõe de contas bancárias em diferentes partes do mundo, através das quais realiza a correspondência de operações de recebimento e envio de recursos entre seus clientes, que recebem diretamente em suas contas, em dinheiro local, a partir da conta da TransferWise em seu país, sem a necessidade de os recursos serem movidos internacionalmente de fato. No ano de 2012, a empresa recebeu aprovação do regular britânico para operar. Em 2017, começou a oferecer um novo serviço chamado *borderless account*, uma conta atrelada a um cartão de débito que permite gastos na taxa de câmbio comercial.

Empréstimos digitais

Os empréstimos remontam uma das primeiras práticas financeiras da civilização. Durante um bom tempo, na maior parte do mundo, a atividade de empréstimo financeiro só podia acontecer por meio de instituições específicas (em grande parte nas figuras de bancos, financeiras, companhias hipotecárias etc.) submetidas por um conjunto de regras e fiscalizadas por algum agente do mercado — na maior parte dos casos, o Banco Central local. A mecânica básica envolve a captação das instituições, via depósito ou investimentos de seus clientes, e o empréstimo de parte desses recursos para outros clientes. Com o passar do tempo, pouca coisa mudou em relação a essa dinâmica geral, tanto na operação quanto em relação às instituições habilitadas para tal, de forma que, com o início da internet, em meados dos anos de 1990, passamos a ver exploração do canal digital por esses provedores de empréstimos tradicionais — sejam ofertados via página da instituição ou ofertados dentro do seu serviço de *internet banking*. Um divisor de águas nesse segmento ocorreu quando as primeiras empresas passaram a pensar em formas de utilizar o potencial da internet para realizar atividade de empréstimo sem intermediários, atraindo para um mesmo ambiente pessoas interessadas em emprestar e tomar recursos, deixando com que elas negociassem e fechassem as operações entre si. Com esse conceito inicial, nasceu em Londres a Zopa, primeira *fintech* do mundo a explorar o conceito de *P2P lending*, empréstimo digital pessoa a pessoa, no ano de 2005. Com o tempo, os mecanismos por trás dos empréstimos digitais evoluíram, o público-alvo foi expandido, as empresas, além de pessoas, e reguladores de diferentes jurisdições, começaram a criar um conjunto de regras específicas para acomodar esses novos provedores de crédito no mercado financeiro.

Existem diferentes modelos de negócio dentro desse subsegmento, que vem se sofisticando e encontrando novos formatos com o tempo. Segue abaixo uma breve explicação dos modelos mais comuns:

Marketplace de empréstimos pessoais (P2P lending pessoa física): pessoas ou figuras institucionais, os investidores, provêm os recursos que serão emprestados às pessoas interessadas. A plataforma não carrega a operação em seu balanço. Empresas como a Prosper e LendingClub já seguiram esse modelo.

Empréstimo direto ao consumidor (balance sheet consumer lending): a plataforma, ou entidade ligada a ela, provê o empréstimo diretamente à pessoa. Nesse caso, a operação é carregada no balanço da instituição. Plataformas como SoFi e Avant são exemplos dessa categoria.

Marketplace de empréstimos para pequenas e médias empresas (P2P lending para pessoa jurídica): pessoas ou figuras institucionais, os investidores, provêm os recursos que serão emprestados às empresas interessadas. A plataforma não carrega a operação em seu balanço. Empresas como a Funding Circle e a StreetShares são exemplos de *fintechs* que operaram dessa forma.

Empréstimo direto a pequenas e médias empresas (balance sheet business lending): a plataforma, ou entidade ligada a ela, provê o empréstimo diretamente à empresa. Nesse caso, a operação é carregada no balanço da instituição. As *fintechs* OnDeck e Kabbage são representantes dessa categoria.

Marketplace de empréstimos imobiliários (P2P real estate lending): indivíduos ou financiadores institucionais fornecem um empréstimo garantido contra uma propriedade a um mutuário pessoa física ou empresarial. As *fintechs* Groundfloor e RealtyMogul seguiram esse modelo.

Desconto de recebíveis (invoice trading): indivíduos ou financiadores institucionais compram faturas ou notas a receber de uma empresa, com desconto. Fundbox e BlueVine operam dessa forma.

Outros tipos de empréstimos com garantia de ativos: a plataforma provê um empréstimo que é garantido por ativo, um imóvel, por exemplo, de uma pessoa física ou jurídica. Nessa categoria, temos *fintechs* como a ApplePie Capital e a Borro.

É preciso ter em mente que os modelos citados acima podem ou não ser permitidos em determinadas jurisdições e, em outras, pode ser necessário algum tipo de licença especial para que seja possível atuar em algum desses formatos.

Gestão financeira — PFM e empresarial

As soluções de gestão financeira tiveram seus primeiros passos na década de 1980, à medida que os computadores pessoais começaram a se popularizar. Em 1983, foi fundada a Intuit, empresa desenvolvedora de softwares que lançou o conceito de PFM *(Personal Financial Management* — Gerenciamento Financeiro Pessoal) com seu produto Quicken.

No final da década de 1990, a Microsoft lança também sua própria plataforma PFM, batizada de Microsoft Money, que se tornou bastante popular pelo mundo. Em meados dos anos 2000, presenciamos o nascimento de algumas empresas que ofertavam soluções de PFM online, com destaque para as *fintechs* Mint, posteriormente adquirida pela Intuit, e a Wesabe, extinta em 2010.

A principal vantagem das soluções de PFM online está na agregação de transações financeiras similares, por vezes, de forma automática. As plataformas mais modernas combinam a utilização de inteligência artificial e análise de dados para realizar um gerenciamento financeiro mais robusto e preditivo, além de realizar um bom acompanhamento do progresso da vida financeira dos usuários.

Com o passar do tempo, outros modelos de *fintechs* de gestão financeira pessoal surgiram, como a Credit Karma, que ajuda os usuários a conhecerem e monitorarem sua nota de crédito, além de prover orientações personalizadas sobre como utilizarem o crédito de forma consciente. Atualmente, vemos também que funcionalidades de PFMs estão sendo agregadas às plataformas de *neobanks* (bancos digitais) e *fintechs* de investimento, por exemplo.

Além de *fintechs* voltadas para o gerenciamento financeiro de pessoas, surgiram também *fintechs* com foco em empresas, que miraram principalmente o segmento de pequenas e médias companhias, trazendo soluções acessíveis e de alta qualidade para empreendedores que não tinham como arcar com plataformas de ERP (Enterprise Resource Planning ou Sistema Integrado de Gestão Empresarial). Empresas como a Intuit também desenvolveram soluções voltadas para esse nicho e realizaram diversas aquisições ao redor do mundo para ampliar seu portfólio, que tem o produto QuickBooks como porta de entrada.

Investimento — wealthtech

As *fintechs* de investimento, ou *wealthtechs*, como são conhecidas globalmente, compõem um amplo subsegmento que utiliza tecnologia na criação de soluções digitais, transformando a maneira como investimos e o funcionamento da indústria de gestão de recursos.

Duas das primeiras startups desse segmento a surgir globalmente foram a Betterment (em Nova York) e a Wealthfront (em Palo Alto, Califórnia), ambas no ano de 2008.

A vastidão do mundo de investimentos acabou gerando também diferentes tipos de *wealthtechs*, a seguir alguns dos modelos mais comuns:

Robo advisors: são empresas que auxiliam na automação e gestão de carteiras de investimentos, utilizando algoritmos avançados e inteligência artificial para auxiliar na alocação e acompanhamento dos investimentos de forma digital, permitindo que investidores tomem melhores decisões e tenham melhor controle sobre suas aplicações. A Betterment e a Wealthfront são dois exemplos dessa categoria que merecem destaque.

Uma variação dessa categoria, porém com foco em gestão de uma carteira voltada para a aposentadoria, tem sido chamada de *robo-retirement*, tendo empresas como a RobustWealth como representante.

Microinvestimento: são plataformas que permitem o investimento de pequenas quantias, muitas vezes fazendo com que o usuário poupe dinheiro sem sentir. A startup norte-americana Acorns, por exemplo, realiza o arredondamento de suas compras para cima e investe os centavos excedentes. Serviços de microinvestimento também são ofertados por plataformas de *bigtechs*, como o WeChat da Tencent. Por vezes, são ofertados fundos do tipo *money market,* que essencialmente investem em títulos de curto prazo, para rentabilizar recursos mantidos pelos usuários na plataforma. Serviços como esse ofertado pela Tencent estão se tornando bastante populares e têm feito com quc a captação dos fundos atrelados a eles atinja recordes de volume.

Corretoras digitais (digital brokers): essas *wealthtechs* facilitam o acesso às alternativas de investimento do mercado, tornando mais descomplicado o ato de investir. Algumas têm o apelo de não cobrar pela corretagem na compra de ações, como a norte-americana Robinhood, que tem seu aplicativo de celular como principal interface. Outras exploram novos conceitos como o *social trading*, no qual você pode copiar o estilo de investimento e carteira de usuários da plataforma, como é o caso da eToro. Mais um modelo interessante é o da empresa Motif, que permite que o usuário invista em uma cesta de papéis que possuem exposição a determinadas teses (ações de empresas relacionadas ou impactadas à tese), como, por exemplo, impressão 3D, biotecnologia, jogos online etc.

Ferramentas de investimento: trata-se de soluções que auxiliam na tomada de decisão e na extração de percepções de mercado com base na análise de dados, municiando investidores e analistas. A *fintech* Kensho, adquirida pela S&P Global em 2018, enquadra-se nessa categoria. A empresa utiliza inteligência artificial, processamento de linguagem natural e análise de dados para gerar poderosos *insights* relacionados ao mercado financeiro.

Crowdfunding e equity crowdfunding

O *crowdfunding*, também conhecido como financiamento coletivo, teve seus primeiros passos nos EUA com o lançamento do Artist-Share, em 2003 — uma plataforma para financiar o lançamento de projetos de músicos, na qual os fãs poderiam fazer doações e receber recompensas de acordo com o montante doado, que iam desde álbuns autografados até ter o nome listado como produtor executivo de uma obra. Plataformas como o Indiegogo e Kickstarter, fundadas respectivamente em 2008 e 2009, são algumas das mais famosas mundialmente, responsáveis pelo financiamento desde softwares até pesquisas científicas, e mais incontáveis itens. Existe, claro, o risco inerente de falha, e uma parte dos projetos acaba não conseguindo levantar o recurso necessário e é encerrada —campanhas, chamadas "tudo ou nada", nas quais os recursos são devolvidos para os financiadores, ou até mesmo casos em que os projetos podem conseguir os recursos e não serem concluídos, cenário no qual os financiadores podem simplesmente ficar sem a recompensa prometida. Via de regra, a plataforma é remunerada com um percentual em cima do valor captado pelo projeto.

Alguns anos depois, surge uma outra modalidade chamada *equity crowdfunding*, na qual empresas levantam recursos por meio de plataformas online, através da oferta de participação societária (*equity*) a investidores. Uma das empresas pioneiras nesse segmento foi a ProFounder, lançada em 2011 nos Estados Unidos, que fechou pouco tempo depois por temores regulatórios, e a Crowdcube, lançada no Reino Unido em 2011. O modelo então se popularizou pelo mundo, esbarrando, contudo, em questões regulatórias em diferentes regiões onde tentou ser implementado.

As questões regulatórias ligadas ao modelo do *equity crowdfunding* foram dirimidas em abril de 2012, quando passou a lei Jumpstart Our Business Startups Act — conhecida popularmente como Jobs Act ou Crowdfund Act. Essa lei tinha como objetivo encorajar o financiamento de pequenos negócios nos Estados Unidos ao simplificar várias regulamentações relacionadas a valores mobiliários do país. Países como o Brasil tiveram uma lei específica sobre esse tema apenas em meados de 2017, após um forte movimento das plataformas locais e da Comissão de Valores Mobiliários (CVM).

Neobanks: a hora dos bancos nativos digitais

O advento do *internet banking* foi um movimento de progressão natural das instituições financeiras tradicionais, explorando, a princípio, um novo e poderoso canal que se tornou cada vez mais relevante (a rede mundial de computadores), diminuindo, dia após dia, a necessidade da utilização das agências bancárias. Durante anos, os principais bancos do país lançaram mão de uma estratégia expansionista na qual a capilaridade física era a chave, levando a várias aquisições de outras instituições no âmbito nacional, bem como a uma intensa abertura de novas agências em diferentes pontos do país. Depois, passaram a aliar também iniciativas de *internet banking*, iniciando um processo de enxugamento de suas redes de agências.

Hoje, algumas pesquisas apontam que os clientes bancários não só não têm interesse em ir até as agências bancárias, como também desejam soluções digitais que proporcionem uma melhor experiência, com ofertas que sejam transparentes e baratas, e, de fato, façam sentido para eles. Esse cenário motivou o surgimento de novas instituições financeiras que fossem nativas digitais, com agências desmaterializadas e experiência do consumidor que pudessem fazer aquilo que poucos achavam possível — criar uma genuína relação de admiração entre o consumidor e uma instituição financeira.

Em alguns lugares do mundo, essas instituições ficaram conhecidas como *neobanks* ou *challenger banks*, pois eram novos desafiantes das instituições já estabelecidas. Para viabilizar suas operações, essas instituições tiram novas licenças bancárias (ou alguma licença que permita atuação similar) ou aliam-se a alguma instituição que seja regulada para viabilizar a prestação dos seus serviços. O Reino Unido tem sido um dos países mais progressistas em relação a esse tema, tendo inclusive um processo mais rápido para autorização dessas instituições criado pela FCA, autoridade reguladora local.

Esse tipo específico de *fintech* tem, mundo afora, integrado seus serviços com *fintechs* de outros subsegmentos, através do conceito de *open banking* (veja mais no *Capítulo 8*), ampliando seu portfólio de produtos e serviços financeiros, sem precisar desenvolver novos produtos internamente. Além disso, os *neobanks* têm potencial para desenvolver uma atuação de nicho campeã, a partir do momento que conseguem se aliar a outros provedores de serviços e ofertar soluções que fazem a diferença para um determinado público — como os *millennials*, imigrantes, alta renda etc.

Uma das primeiras startups bancárias que se tem notícia foi a Simple, chamada inicialmente BankSimple, fundada pelas mãos dos empreendedores Joshua Reich, Shamir Karkal e Alex Payne, em 2009, na cidade de Nova York, sendo realocada em seguida para Portland, no estado do Oregon, Estados Unidos. A ideia de entrar no varejo bancário logo após uma grande crise ocorrida apenas um ano antes parecia uma loucura, conforme recorda Joshua Reich, primeiro CEO da companhia, em um texto publicado em 2018. Contudo, alguns investidores, funcionários e consumidores acreditaram que era possível ter uma experiência bancária descomplicada, transparente, barata e totalmente digital, o que deu força a esse plano inicial. Assim, no ano de 2012, a empresa lançou uma versão beta do seu produto — uma conta corrente atrelada a um aplicativo e a um cartão de débito Visa, e assegurada pelo FDIC (Federal Deposits Insurance Corporatation, agência americana que garante depósitos bancários). O produto pôde ser viabilizado graças à parceria com a The Bancorp, instituição especializada em prover soluções bancárias *private label* para empresas não bancárias. Com o tempo, foram adicionadas mais funcionalidades, como gerenciador financeiro, poupança baseada em objetivos (tais como viagens ou compra de bens específicos), dentre outras. No ano de 2014, a Simple foi adquirida pelo banco espanhol BBVA como parte da estratégia de *corporate venture* da instituição (veja mais sobre no *Capítulo 9*).

Outro *neobank* pioneiro foi o Fidor Bank, fundado por Matthias Kröner, em 2009, na cidade de Munique, Alemanha. Denominado pelo seu fundador como "o banco *fintech* mais velho do mundo", o Fidor foi uma das primeiras instituições a agir como um *marketplace* de serviços financeiros, ao ofertar produtos de outras *fintechs*, a partir de integrações via APIs (o que incluía desde soluções de *P2P lending* a carteiras digitais), e por fazer o *onboarding* de seus clientes, através de integrações com suas contas do Facebook. Além disso, a companhia envolvia fortemente sua comunidade de usuários nas decisões das empresas, tratando-os como "cogestores", em que era praxe consultá-los antes de fazer alterações em seus produtos ou adicionar novas funcionalidades. Os clientes também eram estimulados a interagir entre si dentro da comunidade de usuários, tirando uns dos outros as dúvidas relativas a finanças e aos produtos ofertados pela startup. Por esses e outros motivos, o Fidor ganhou diversos prêmios como melhor banco digital do mundo, tornando-se uma grande referência para outros *neobanks* que vieram depois.

Em 2016, o Fidor Bank foi adquirido pelo segundo maior banco francês à época, o BPCE, surpreendendo a todos. Contudo, no final de 2018, o negócio foi desfeito, presumidamente por diferenças culturais entre as duas organizações durante o processo de aquisição.

Nos anos que se seguiram, novas levas de *neobanks* surgiram no mercado, principalmente no Reino Unido e em outras partes da

Europa. Nasceram assim, entre 2013 e 2015, startups como o N26, Starling Bank, Atom Bank, Monzo (inicialmente chamado de Mondo), Revolut, dentre outros.

Esse movimento de popularização dos *neobanks* mundo afora acabou estimulando algumas instituições tradicionais a adquirirem startups bancárias (como os casos citados anteriormente) ou criarem suas próprias iniciativas — por vezes, totalmente apartadas da empresa-mãe. Dentre os casos conhecidos, vale destacar o iGaranti, solução digital do banco turco Garanti que tinha como diferencial a integração às redes sociais do usuário, permitindo transações entre amigos diretamente pelo Twitter ou Facebook, sem a necessidade de saber dados adicionais de conta bancária. Outro caso aconteceu no Brasil com a criação do Next pelo Bradesco, banco digital voltado para o público *millennial*. Esse tipo de abordagem tende a ficar cada vez mais comum no ambiente bancário, pois permite que instituições tradicionais criem uma nova abordagem do zero, reinventando e experimentando novas formas de entregar seus serviços, minimizando os impactos (e custos) dessa mudança junto à grande parte de sua base de consumidores e afastando-se de estigmas e percepções negativas de novos públicos em relação a sua marca e sua forma de fazer negócios.

Outras vertentes do segmento fintech

Como vimos, ainda que a revolução das *fintechs* tenha se iniciado em segmentos como crédito e meios de pagamentos, houve uma rápida expansão para diversos outros segmentos do mercado financeiro e não financeiro. Além dos subsegmentos já citados, presenciamos uma forte influência na transformação de outras áreas correlatas, criando, em alguns casos, nichos com vida própria devido às características particulares desses segmentos. Assim aconteceu com a indústria de seguros, com as chamadas *insurtechs (insurance technology)*; no segmento de *compliance* e verificação, com as *regtechs (regulatory technology)*; e no segmento imobiliário com as *proptechs (property technology)*. Veremos abaixo algumas características dessas vertentes, que têm ganhado cada vez mais relevância e que possuem seu próprio ecossistema.

As insurtechs

Assim como o mercado financeiro, a indústria de seguros também se viu em meio a um momento importante de transformação, praticamente exigindo movimento de um mercado centenário que nunca havia passado por mudanças tão intensas quanto as que se apresentavam naquele momento.

Essa indústria sempre foi bastante regulada e toda burocracia de seus processos e procedimentos mantidos por décadas se traduziam em uma experiência pobre e dolorosa para o cliente final. Definitivamente não é uma indústria trivial, pois afinal não é o tipo de produto que adquirimos na esperança de não utilizarmos e que, durante muito tempo, possuiu um processo de *onboarding* arcaico e uma experiência de utilização traumática — que, muitas vezes, acontece em momentos delicados de nossa vida. Afim de mudar um pouco isso, alguns empreendedores resolveram desenvolver novas soluções que alterassem essa situação, surgindo, assim, as *insurtechs*.

As *insurtechs* estão atuando em vários pontos da cadeia de seguros, desde a entrega de soluções tecnológicas, que modernizam a gestão das seguradoras, até aplicações voltadas para facilitar a vida dos consumidores. Por meio de aplicativos e sensores, agora é possível reduzir o valor de uma apólice com base em um melhor entendimento de seu perfil de risco, agilizar o atendimento em casos de sinistro (tornando o processo menos traumático), dispensar o uso intenso de papéis no processo de *onboarding* e comunicar-se mais facilmente com sua corretora ou seguradora.

Com o surgimento de novas tecnologias e de empresas que prometem revolucionar a forma como produtos e serviços são vendidos, com foco na experiência do usuário e em uma maior acuidade no processo de precificação do risco, o perfil dos consumidores mudou drasticamente.

Especificamente no mercado de seguros, os consumidores passaram a exigir demandas muito similares àquelas apresentadas pelas *fintechs*:

- Acessibilidade financeira aos seguros (possibilidade de contratar bons planos com poucos recursos financeiros).
- Burocracia praticamente zero.
- Facilidade para entender o que está sendo oferecido.
- Personalização dos serviços de acordo com seu perfil.

Não há mais dúvidas nos benefícios e vantagens das *insurtechs*. Nesse momento, a indústria tradicional tem buscado formas de trabalhar em conjunto com as startups do setor, em uma situação de benefício mútuo. Afinal, os requisitos regulatórios e de capital para uma companhia seguradora é gigantesco, o que configura uma enorme barreira de entrada. Assim, a solidez dos grandes *players* do segmento tem uma grande oportunidade de encontrar novos caminhos com as novatas, com bastante complementariedade em sua atuação.

As *insurtechs* têm se concentrado em toda a cadeia principal da indústria de seguros, buscando melhorar processos, como:

- **Desenho de Produtos:** customização cada vez maior de produtos.
- **Front Office:** agilidade nas cotações e acesso as informações.
- **Underwriting:** novas e adicionais informações para controlar o risco.
- **Serviços:** robôs analisando as possíveis coberturas e sugerindo melhores produtos.
- **Sinistro:** acesso e aprovações rápidas e eficientes.

Também há aquelas startups que buscam transformar a indústria ao propor um novo modelo de negócio, como é o caso da Lemonade, de Nova York. A proposta da empresa é de um sistema de seguro *peer-to-peer* social, no qual um grupo de pessoas reúne seus recursos através do pagamento de prêmios, tal qual é em um sistema convencional, e coloca-o em uma "conta" coletiva. Quando algum membro do grupo sofrer sinistro, ele utiliza os recursos da conta para cobrir o bem segurado. Outro modelo interessante foi desenvolvido pela Metromile, de São Francisco, no qual o segurado paga o seguro do carro por quilômetro dirigido — que é medido através de um aplicativo e que beneficia usuários que utilizam pouco o carro. Esse modelo, conhecido como microsseguro ou seguro sob demanda, também é utilizado pela startup Cuvva, do Reino Unido.

Nesse caso, a empresa oferta seguros por tempo limitado, de uma hora ou um dia inteiro, para que o usuário utilize apenas quando sentir que é necessário.

As oportunidades são imensas para onde olharmos nesse segmento. Seja na busca por melhores processos, na cadeia de produção da indústria, ou através do uso de novas tecnologias, como, por exemplo, o *blockchain* no negócio de resseguro.

Em um estudo realizado em 2016, a PWC apontou um potencial superior a US$5 bilhões de economias que podem ser geradas a partir do uso do *blockchain* na indústria de resseguros, pelo simples fato de como as informações e verificações poderão ser realizadas com o uso da tecnologia. O fato desse segmento compartilhar informações com vários agentes relacionados, em toda cadeia produtiva, por si só alimenta expectativas fantásticas para o futuro.

As perspectivas nesse segmento são enormes e alguns especialistas esperam que, à medida que a regulação avance, teremos uma indústria de seguros cada vez mais moderna e mais abrangente.

As regtechs

Regtech refere-se ao termo "*regulatory technology*" (tecnologia regulatória) e essas soluções, que antes eram vistas como uma vertente das *fintechs*, conquistaram um novo patamar de relevância frente a um ambiente de negócios cada vez mais complexo. As *regtechs* é uma resposta dos empreendedores atuais aos crescentes requisitos regulatórios e à complexidade em se manter dentro das regras (*compliant*) em um contexto digital, principalmente no mundo pós-crise de 2008.

Segundo pesquisa realizada pela Boston Consulting Group, em 2018, a maioria das *regtechs* globais atuam nos seguintes subsegmentos:

Verificação de contas: startups especializadas em levantar e analisar informações para processos de *Due Diligence* (Know Your Customer — KYC) — Conheça Seu Cliente, e de Prevenção a Lavagem de Dinheiro (PLD) — em inglês, Anti-Money Laudering — AML).

Compliance em geral: soluções para grandes empresas que incluem ferramentas de otimização de processos, gestão de documentos e notificações automatizadas.

Captura de dados e integração: empresas especializadas em capturar novos dados ou destrinchar os dados já existentes e espalhados pela organização, com o propósito de possibilitar uma análise aprimorada da companhia.

Monitoramento: realização de monitoramento de transações, buscando a prevenção à lavagem de dinheiro, abusos de mercado ou atividades suspeitas de funcionários.

Análise de riscos: identificação de exposição a riscos em tempo real e gerenciamento de riscos através de análises preditivas.

Análise regulatória e treinamento: monitoramento, identificação e interpretação de regulações à medida que elas se aplicam ao modelo operacional da empresa, incluindo treinamento dos funcionários em obrigações de *compliance*.

Reporting: consolidação de dados para geração de relatórios com os propósitos regulatórios ou gerenciais.

O segmento de *regtech* é um dos que mais crescem globalmente e tem uma grande aderência ao modelo de negócios de bancos e outras empresas do mercado financeiro, os principais clientes dessas companhias.

As proptechs

Proptech é a junção dos termos *property* + *tech* e é utilizado para denominar empresas que provêm soluções voltadas para o mercado imobiliário. Existem muitas interseções com o segmento *fintech* (principalmente quando tratamos de soluções hipotecárias, por exemplo), mas esse é um segmento que também ganhou vida própria por ser muito vasto e envolver, inclusive, novas técnicas de construção e desenvolvimento imobiliário.

Além do mercado de compra, venda e aluguel, as *proptechs*, em alguns lugares do mundo e no Brasil, são responsáveis pelo surgimento de cidades inteligentes (*smart cities*), edifícios inteligentes (*smart buildings*), utilização compartilhada de ativos imobiliários (*shared economy*), soluções que promovam a melhoria dos processos construtivos (subdivisão chamada de *contech* ou *construtech*) e financiamento de imóveis.

No ano de 2017, a Universidade de Oxford divulgou um estudo sobre as *proptechs*, no qual traçou um histórico da evolução desse segmento e o dividiu em três fases ao longo do tempo.

A primeira fase (*proptech* 1.0) compreende o período que vai desde o começo dos anos 1980 até os anos 2000, momento no qual o computador tornava-se presente em diversos escritórios e a internet engatinhava. Nesse período, vemos o surgimento de companhias como a Autodesk, multinacional americana fundada em 1982 que produz softwares voltados para engenharia, construção e arquitetura. Em meados dos anos 1980 nascem empresas com soluções automatizadas voltadas para análise e gestão de ativos imobiliários, tais como a Yardi, Argus e CoStar. Essas companhias e outras pertencentes a essa época foram responsáveis por uma importante onda de automação no setor.

A fase seguinte, denominada *proptech* 2.0, começa a partir dos anos 2000 impulsionada pelo desenvolvimento do ecossistema de startups pós-estouro da bolha ".com" e evolui com o avanço das tecnologias móveis. Nesse estágio, vemos empresas com soluções que vão desde portais de imóveis, como a norte-americana Trulia (fundada em 2005 e posteriormente adquirida pela Zillow em 2015), passando pelo AirBnB (expoente da economia colaborativa), até empresas que mudaram a dinâmica do mercado de *coworking* como a The We Company, anteriormente chamada de WeWork, O surgimento de startups desse setor que tangenciam o mundo Fintech também ocorreu nesse momento, como a LendInvest (plataforma de investimentos e empréstimos imobiliários do Reino Unido, fundada em 2013) e a Roofstock (empresa com foco em investimentos imobiliários surgida na Califórnia, em 2015). Nada mais natural que isso tenha acontecido, visto que o desenvolvimento de inovações para o segmento financeiro ocorreu fortemente nesses anos e acabaram impactando diferentes verticais.

A fase *proptech* 3.0 é o momento que começamos a adentrar após a primeira metade da década de 2010, no qual a utilização de tecnologias emergentes como inteligência artificial, *blockchain*, internet das coisas e impressão 3D passam a abrir caminhos para as próximas startups que transformarão o futuro do segmento imobiliário.

É importante compreender que as *proptechs*, pela amplitude e diversidade de oportunidades, não constituem apenas um apêndice das *fintechs*. Estamos falando de dois segmentos que, apesar de interagirem entre si, constituem um mundo de possibilidades, individualmente.

E isso é tudo?

Como podemos ver, o segmento *fintech*, como um todo, e outros diferentes segmentos com o qual esse tem ponto de contato são bastante amplos e dão uma visão do tamanho da revolução que temos presenciado nos últimos tempos no setor financeiro. Porém, propositalmente, não abordamos assuntos relativos a criptoativos e *blockchain* neste capítulo, decidindo tratar em outra parte do livro por sua especificidade e potencial de transformação na indústria financeira atual.

Apesar das várias tecnologias e novos métodos que foram sendo incorporados às instituições ao longo do tempo, podemos afirmar que o movimento mais recente das *fintechs* é o que realmente será capaz de promover uma verdadeira disrupção no modelo de negócios no mercado financeiro, alternando e nivelando forças competitivas, além de criar os próximos grandes *players* que se estabelecerão nos próximos anos.

Capítulo 4

INCLUSÃO EM TEMPOS DE FINTECH

Durante muito tempo, os provedores de serviços financeiros tiveram dificuldade em conseguir que a população financeiramente excluída em regiões remotas pelo mundo tivesse acesso aos serviços, principalmente em função do alto custo para estabelecer uma rede de agências com suficiente capilaridade para alcançar tais regiões. Aqui no Brasil, somado a isso, havia também o distanciamento que o austero ambiente bancário promovia em relação à população mais pobre, com suas portas giratórias contendo detectores de metais e o típico linguajar complexo dos gerentes de agência, carregados de siglas e "economês".

Segundo dados do Banco Mundial, em 2017, havia cerca de 1,7 bilhão de adultos sem acesso a contas correntes e serviços financeiros no mundo, contra 2 bilhões em 2014. Como esse acesso é quase universal em economias de alta renda, praticamente todos esses adultos excluídos do sistema financeiro vivem em países emergentes. De fato, quase metade vive em apenas sete economias em desenvolvimento: Bangladesh, China, Índia, Indonésia, México, Nigéria e Paquistão.

Globalmente, cerca de 1,1 bilhão de adultos fora do sistema financeiro — ou cerca de dois terços de todos os 1,7 bilhões totais — possuem um aparelho celular. Na Índia e no México, mais de 50% dos não bancarizados têm um telefone celular, sendo que na China são 82%. O que podemos deduzir sobre esses dados e a sua relação com as *fintechs*?

Dentre as principais características das *fintechs*, está o potencial que essas empresas têm para promover a inclusão financeira no mundo atual, através de inovações tecnológicas e do uso de tecnologias móveis. Com o fenômeno *fintech*, temos presenciado a mais rápida reversão da exclusão financeira já vista na história global, isso graças a um importante protagonista, o telefone celular.

Bancarização x inclusão financeira — mudança de conceito

O termo "bancarização" é novo na história bancária brasileira, vem surgindo desde a virada do século XX para o XXI, e significa o acesso popular a bancos e, portanto, a contas correntes e demais produtos tipicamente ofertados por instituições financeiras — empréstimos, cartões, financiamento de bens etc. O processo tem como objetivo encerrar a fase de distinção entre o "dinheiro dos menos afortunados" e o "dinheiro dos afortunados", que vigorou fortemente entre 1964 e 1998.

A bancarização acabou se traduzindo em uma estratégia dos bancos em buscar a ampliação da base de clientes, buscar a liderança e aumentar os lucros. Desse modo, as instituições bancárias buscam conquistar clientes nas chamadas classes C, D e E ao longo do território nacional. O papel dos bancos no processo de inclusão de uma parcela da população, que ainda não possui contas correntes ou serviços bancários a seu alcance, define o conceito de bancarização.

Tentando mudar um pouco a realidade brasileira, o Banco Central colocou em vigor uma nova regulamentação em abril de 2008, permitindo que os clientes sem condições de manter uma conta corrente tarifada tivessem acesso a uma conta com serviços essenciais, sem pagar nenhum tipo de tarifa por ela. Esse tipo de conta oferece serviços limitados, como a emissão de um cartão de movimentação de conta, quatro saques mensais, dois extratos mensais e dez folhas de cheque por mês.

É importante observar, porém, que muitas vezes o indivíduo pode ter acesso a uma conta corrente mais simples, mas não tem linhas de crédito disponíveis. Isso se dá tanto pelo fato de ele não movimentar sua conta efetivamente, por restrições, como por diversos outros motivos. Ou seja, é um indivíduo bancarizado, porém não é incluído financeiramente.

A inclusão financeira acontece, de fato, quando as pessoas passam a usar a instituição financeira e, consequentemente, os serviços por ela ofertados, a favor de sua qualidade de vida.

O Banco Central (BACEN) entende, como vantagens da bancarização, maior facilidade para obter crédito, poupar e pagar despesas. No Brasil, a quantidade de contas bancárias, simplificadas ou comuns, vem crescendo a passos largos. De acordo com dados do Banco

Mundial, no Brasil (juntamente com países como a China, Malásia, e África do Sul), cerca de 70% da população adulta é bancarizada. Globalmente, 69% dos adultos possuem uma conta, sendo que 64% desse total foi provido por bancos tradicionais.

Para esclarecer por que as pessoas não possuíam conta bancária, o Banco Mundial realizou a pesquisa Global Findex 2017 e perguntou a adultos não bancarizados quais seriam as principais razões para não a ter. O motivo mais comum era o fato de eles disporem de muito pouco dinheiro para usar uma conta. Dois terços citaram isso como uma das razões para não ter uma conta de instituição financeira e, aproximadamente, um quinto citou como única razão. O custo de manutenção da conta e a distância até uma agência bancária foram, cada um, citados por cerca de um quarto dos que responderam à pergunta, e uma parcela semelhante disse que não tem uma conta porque um membro da família já tem uma. Falta de documentação e desconfiança no sistema financeiro foram citados por cerca de um quinto dos adultos entrevistados. Apenas 6% alegaram motivos de ordem religiosa.

A importância da bancarização no contexto social

O propósito da bancarização é inserir pessoas de classes sociais menos favorecidas no sistema financeiro. São indivíduos que não têm as mesmas oportunidades dentro da sociedade, excluídos por condições socioeconômicas e que, na maioria das vezes, trabalham na informalidade.

Fazer parte do sistema financeiro significa, para muitas pessoas, a inclusão em um mundo totalmente novo, com facilidades e conveniências que fortalecem, inclusive, a autoestima como cidadão. Ser usuário de produtos ou serviços financeiros, ainda que básicos, eleva o grau de inclusão social das pessoas e as insere como membros ativos da sociedade.

Por esse motivo, uma nova visão sobre a bancarização deve ter por princípio a inclusão social e, também, promover a percepção do consumidor sobre ter suas necessidades atendidas de forma justa, simples e transparente. Com acesso a serviços financeiros simplificados, é possível perceber uma melhora na qualidade de vida, e essa inclusão financeira ainda contribui para uma melhor gestão das finanças pessoais, reduzindo a procura por canais informais de acesso ao crédito, promovendo práticas seguras e eficientes na prestação de serviços financeiros.

Bancarização é uma questão de cidadania. Excluído do sistema financeiro, o indivíduo não consegue poupar, não tem acesso a crédito, além de ter dificuldades em administrar seus recursos e atender suas necessidades.

A educação financeira também é importante e deve possibilitar a esses consumidores o uso mais seguro dos meios alternativos e a redução das ocorrências de golpes, além da redução do consumo por impulso na aquisição de produtos e contratação de crédito, viabilizando o controle das finanças pessoais e estimulando a poupança.

Comodidade, segurança, apoio nas decisões financeiras, educação financeira e conquistas, sejam de bens ou serviços, são algumas das vantagens da bancarização.

Origem do microcrédito e o microcrédito no Brasil

Uma das iniciativas, no sentido de facilitar a inclusão das pessoas de classes sociais de menor renda, deu-se a partir de 1974, com a introdução do conceito de microcrédito, através do economista de Bangladesh, Muhammad Yunus.

Ao observar a triste realidade de seu país, viu no empréstimo de baixo valor aos pobres uma forma de combater a falta de recursos. Iniciou suas ações emprestando, para um grupo de 42 pessoas, US$27 para cada uma. O empréstimo foi realizado sem juros e sem um prazo fixo de amortização. Havia a desconfiança de que ele não conseguiria mais reaver o dinheiro. No entanto, contrariando as expectativas, recebeu o dinheiro de volta e desenvolveu um projeto maior de microcrédito. Nascia o Grameen Bank, o maior e mais conhecido banco de microcrédito do mundo.

O objetivo era que o microcrédito levasse renda e desenvolvimento ao público-alvo, não seria apenas mais uma dívida contraída pelas pessoas.

Em 2015, o montante emprestado pelo Grameen Bank cobria 97% das vilas de Bangladesh. A taxa de inadimplência era menor que 2%. O modelo de empréstimo tinha as mulheres como as principais tomadoras de crédito, pelo benefício que trazia à família. Não havia contratos formais, apenas confiança entre as partes.

Yunus ficou conhecido como "o banqueiro dos pobres" e o modelo do Grameen Bank foi adotado em outros países. No México, além do microcrédito com base no modelo de Yunus, surgiu o Banco Compartamos, considerado o maior banco de microfinanças da

América Latina. Entretanto, o Compartamos gerava certa polêmica, pois realizava empréstimos com juros considerados elevados para populações de baixa renda.

No Brasil, o modelo de microcrédito desenvolvido por Yunus não obteve o mesmo sucesso. Não houve adaptação ao modelo, pois, ao contrário do contexto do Grameen Bank, muitas regiões pobres no Brasil exibiam fracos laços sociais entre os indivíduos, não havia o sentimento de grupo, de comunidade. Havia também um grande grupo de pessoas que migravam de uma localidade a outra, e isso traria a dificuldade de rastreamento dos empréstimos após sua concessão.

No entanto, após algumas adaptações à realidade brasileira e com apoio governamental da Lei nº 10.735 de 2003, que direcionou 2% dos depósitos à vista captados por instituições financeiras para operações de microcrédito, e da Lei nº 11.110 de 2005, que instituiu o Programa Nacional de Microcrédito Produtivo Orientado (PNMPO), a atividade ganhou novo fôlego no país.

Um detalhe interessante na evolução do modelo de microcrédito é a presença de uma figura central, que é o chamado **agente de microcrédito**. É alguém que deve conhecer o dia a dia das pessoas, ter algum tipo de ligação com comunidades locais, ou seja, atuar localmente.

Os concedentes de microcrédito no Brasil eram principalmente as cooperativas de crédito, bancos, agências de fomento e SCMs (Sociedades de Crédito ao Microempreendedor e à Empresa de Pequeno Porte).

Não há dúvidas de que o microcrédito é um componente importante das microfinanças no processo de inclusão financeira.

Em 28 de fevereiro de 2018, o Senado aprovou a Medida Provisória 802/17, que foi sancionada pelo presidente em exercício no dia 21 de março de 2018 e se tornou a Lei 13.363, a qual reformula o Programa Nacional de Microcrédito Produtivo Orientado (PNMPO). Uma das modificações foi a retirada da obrigatoriedade de que as *fintechs* operem no programa apenas vinculadas ou contratadas por outras entidades autorizadas, como bancos, cooperativas de crédito, agências de fomento e sociedades de crédito ao microempreendedor. Com isso, as startups financeiras já ficam autorizadas a participar diretamente do sistema que concede pequenos empréstimos a empreendedores de baixa renda. Assim, buscou-se a simplificação e modernização do processo de concessão de crédito para pequenos empreendedores e abriu-se um grande caminho para a entrada de novos atores nesse mercado.

?!

O Brasil ainda está no meio do caminho na evolução do microcrédito; no entanto, já apresenta iniciativas promissoras, apontando um nicho a ser explorado pelas *fintechs*.

O microcrédito e as fintechs

O imenso universo de microempresas brasileiras frequentemente esbarra nas dificuldades para obter crédito nos bancos tradicionais e o surgimento das *fintechs* resultou em propostas menos burocráticas e mais inovadoras nas análises de risco. Algumas *fintechs* enxergam no microcrédito um nicho para suprir a falta de concessão de crédito aos empreendedores que são invisíveis para os outros agentes financeiros.

Conceder crédito para pequenos empreendedores ou pessoas físicas que não têm acesso aos bancos é fundamental para o desenvolvimento da economia brasileira, e as *fintechs* têm muito a contribuir. Nesse segmento, elas são atrativas por geralmente terem taxas de juros menores. São empresas ágeis e comandadas por empreendedores que entenderam que a descentralização de capital permite acelerar o mercado.

Algumas *fintechs* surgiram exatamente para atender esses nichos de mercado, aproveitando o movimento, somando forças à tecnologia e gerando ganhos para os consumidores finais e para o mercado financeiro, como um todo.

Com as *fintechs*, o fator limitante de inclusão (ser cliente de um banco) desapareceu e um novo mundo se abriu, ali mesmo, no celular dos consumidores.

Inclusão financeira através de tecnologia no Brasil e no mundo

Ao redor do mundo, a forma como a tecnologia é utilizada na promoção do acesso a serviços financeiros, sejam esses ofertadas por grandes empresas digitais ou *fintechs*, varia de acordo com aspectos culturais e demográficos, estado atual da infraestrutura de redes móveis, regulamentação local e incentivos governamentais.

Quando se trata de usar um telefone celular para serviços financeiros, países como a China e o Quênia, por exemplo, representam dois modelos diferentes. Na China, os serviços financeiros móveis são fornecidos principalmente por meio de provedores de serviços de pagamento terceirizados, como o Alipay e o WeChat (produtos das gigantes de tecnologia Alibaba e Tencent, respectivamente), que usam aplicativos para smartphones vinculados a uma conta bancária ou a outro tipo de instituição financeira. Em contraste, no Quênia, os serviços financeiros móveis são oferecidos principalmente pelas operadoras de redes móveis (como é o caso do M-Pesa, da companhia telefônica Vodafone) e as contas de dinheiro móvel não precisam estar vinculadas a uma conta em uma instituição financeira.

Do outro lado, temos também o caso da Índia, que entre 2011 e 2017, realizou um massivo esforço governamental no cadastramento da população através de cartões de identificação biométricos, visando, dentre outras coisas, um aumento da bancarização no país. Nesse período, a detenção de contas correntes da população mais que dobrou, atingindo cerca de 80% da população adulta, segundo dados do Banco Mundial. Contudo, aproximadamente 48% dessas contas podem ser consideradas inativas, pois não tiveram nenhum saque ou depósito nos últimos 12 meses.

Alguns aspectos culturais também têm influenciado a forma como os brasileiros acessam serviços financeiros. Apesar de cerca de 70% da população ser bancarizada, 12 milhões de detentores de contas no Brasil recebem salários e pagamentos diversos exclusivamente em dinheiro. Pagamentos por serviços de utilidade pública (*utilities*) em dinheiro ainda é alto em muitos países em desenvolvimento, de um modo geral. Em nosso país, 60% das pessoas pagam por tais serviços dessa forma, apesar de possuírem tanto contas correntes quanto aparelhos celulares. Considerando esses dados e o momento de transição entre a utilização do dinheiro em espécie e a adoção de meios digitais nos países em desenvolvimento, ter uma boa estratégia de saque de dinheiro físico aliada à funcionalidade de contas correntes e pagamentos digitais é chave para que novos provedores de serviços obtenham sucesso.

M-Pesa e a revolução do dinheiro digital

O Quênia é o país onde mais pessoas realizam transferências de forma digital. Segundo o Banco Mundial, 89% dos adultos o fazem graças aos serviços prestados pelo M-Pesa, que desde 2007 oferece seus serviços sob o slogan "Mande dinheiro para casa". Depois de uma bem-sucedida implantação no Quênia, o serviço logo se expandiu para outros países, como a Tanzânia, Moçambique, Gana, Congo, Lesoto, Egito, Albânia, Índia e Romênia.

O M-Pesa foi desenvolvido pela Safaricom, subsidiária da gigante empresa de telefonia Vodafone. Essa *fintech* permite que milhões de pessoas que possuem acesso a um telefone celular, mas que têm acesso limitado ou nenhum acesso a uma conta bancária, enviem e recebam dinheiro, façam pagamentos de contas e invistam seus recursos, tudo isso sem a necessidade de internet para concluir as transações, já que elas ocorrem por meio da rede móvel comum e podem ser feitas sem a obrigatoriedade da utilização de um smartphone.

Os clientes registram-se para o serviço em um agente autorizado, geralmente é uma pequena loja de celulares ou varejista, e então depositam dinheiro em espécie, em troca de dinheiro eletrônico, que pode ser enviado para família e amigos, ou para a realização de um pagamento por bens e serviços. Uma vez registradas, todas as transações são concluídas com segurança, inserindo um número PIN e ambas as partes recebem um SMS confirmando o valor que foi transferido. O destinatário, que não precisa usar a mesma rede, recebe o dinheiro eletrônico em tempo real e, depois, resgata-o, em espécie, visitando outro agente autorizado.

Houve significativos avanços da África subsaariana, tanto do ponto de vista social quanto econômico, graças ao advento do dinheiro digital móvel, no qual o M-Pesa teve papel fundamental.

Fintechs e impacto social no Brasil

No Brasil, algumas *fintechs* têm os olhos voltados para a população menos favorecida e excluída do sistema financeiro. Dentre algumas soluções que foram criadas com esse objetivo, podemos destacar:

Acesso: fundada em 2010 pelo empreendedor serial Sérgio Kulikovsky, a Acesso é uma *fintech* de cartões pré-pagos, os quais o cliente pode controlar por aplicativo no celular ou no site e que são facilmente encontrados à venda em diversas redes varejistas no Brasil. O principal perfil de seus usuários são pessoas que estão endividadas em instituições tradicionais e não possuem crédito, empresas controlando gastos e compras de funcionários, pagamento de despesas domésticas e mesada de parentes e filhos, transferência de dinheiro entre cartões, assinatura de serviços de *streaming* e compras na internet. A Acesso é hoje líder no Brasil em emissão, processamento e gestão de cartões pré-pagos, administrando cartões de marca própria e *co-branded*.

Avante: fundada em 2012 pelo ex-executivo do mercado financeiro Bernardo Bonjean, a Avante se propõe a apoiar os microempreendedores a conquistar seus sonhos e objetivos. Para tal, dispõe de soluções como microcrédito e recebimento de pagamentos efetuados via cartões de crédito, através de "maquininha" (POS) instalada no smartphone.

Banco Digital Maré: fundada em 2016, é uma startup com o objetivo de atender regiões e comunidades isoladas do sistema financeiro. Alexander Albuquerque, CEO da startup, após uma visita à comunidade da Maré, no Rio de Janeiro, observou que os moradores não tinham acesso a nenhuma agência bancária, lotérica ou caixa eletrônico a fim de realizar seus pagamentos e transações. Para isso, precisavam ir ao bairro vizinho, muitas vezes com dinheiro vivo, representando um grande risco. Com o intuito de resolver esse problema, a *fintech* desenvolveu um sistema de micropagamento com moeda digital própria, nesse caso batizada de Palafita. De modo simples e acessível, o objetivo é, por meio de um aplicativo móvel, agilizar pagamentos, transferências, recarga de celular e de bilhete único do RJ e compras de pessoas não bancarizadas. Similar ao M-Pesa, o Banco Digital Maré também conta com uma rede de pontos físicos (estabelecimentos comerciais cadastrados) que funcionam como pontos de recarga, aceitando dinheiro em espécie e convertendo na moeda digital Palafita.

EasyCrédito: fundada em 2015 pelo empreendedor goiano Marcos Ramos, a EasyCrédito é uma plataforma de crédito digital para pessoas não bancarizadas ou com poucos recursos financeiros. O cliente acessa o aplicativo ou site da startup, seleciona a modalidade de crédito (empréstimo pessoal, cartão de crédito, empréstimo consignado ou cartão pré-pago) e se submete a uma análise de crédito pela *fintech*. Em caso de retorno positivo, a pessoa recebe diferentes ofertas de instituições parceiras da EasyCrédito —a startup não concede crédito diretamente.

Ewally: no ano de 2013, o empreendedor André Cunha fundou a Ewally, que tem como objetivo ser uma conta digital que possibilita que pessoas não bancarizadas paguem contas, recarreguem seus celulares, transfiram dinheiro e façam cobranças.

Moneto: fundada pelo empreendedor Marcos Arruda no ano de 2016, a Moneto é uma *fintech* que oferece soluções voltadas para microempreendedores e executivos de vendas diretas, em sua grande maioria desbancarizados e sem histórico financeiro. A startup se posiciona como o banco digital do microempreendedor individual e, para isso, conta com a oferta de linhas de microcrédito, gestão de clientes, controle financeiro, envio de cobranças e recebimento de pagamentos realizados por cartão de crédito através de POS próprio.

Simplic: a Simplic foi criada em 2014 e é a subsidiária brasileira da *fintech* norte-americana Enova. A *fintech* se posiciona como opção de crédito pessoal online para quem normalmente não teria acesso através das instituições financeiras tradicionais.

E como fica o conceito de desbancarização?

Desde 2015, o termo "desbancarização" vem ganhando um sentido diferente, pois as pessoas estão trocando alguns serviços oferecidos pelos grandes bancos por outros oferecidos em instituições diversas, principalmente soluções de crédito, investimentos, seguros e cartão de crédito.

Já destacamos aqui, algumas vezes, que a insatisfação dos clientes com os serviços bancários abriu espaço para que as *fintechs* pudessem oferecer serviços direcionados a esse público carente de bom atendimento e de fácil acesso. Essa busca por um serviço de qualidade permitiu que clientes insatisfeitos com seu banco pudessem se desbancarizar.

O mais óbvio seria esperar que os bancos de varejo, que atendem o grande público, estivessem preparados para prestar o melhor serviço a seus clientes. No entanto, o que vemos é um grande abismo entre o que os bancos poderiam oferecer, em termos de serviços e experiência, e o que de fato oferecem, gerando bastante insatisfação dos consumidores. Essa insatisfação, aliada a uma frágil e negativa imagem dos bancos sedimentada na mente de muitos clientes por experiências ruins anteriores, abre inúmeras oportunidades para novos entrantes, ávidos por ganhar seu espaço na mente e no coração dos clientes.

As plataformas abertas de investimentos foram as primeiras a permitir que os clientes desbancarizassem suas aplicações. Esse tipo de plataforma pode ser comparada a um shopping financeiro, onde o investidor encontra, em um único ambiente, diversos produtos de diversas instituições financeiras. A XP Investimentos é uma das corretoras de valores que levantou a bandeira da desbancarização no Brasil. Tanto que, no começo da década de 2010, a instituição se espelhou no movimento *Wake up America*, feito pela corretora norte-americana Charles Schwab, na década de 1980, que tinha como objetivo mostrar aos americanos que os bancos não eram a melhor alternativa para aplicarem seu dinheiro — tanto pelas altas taxas cobradas para a gestão dos investimentos como pelo desalinhamento entre os interesses dos gerentes dos bancos, em sua busca pelo atingimento de metas, e os investidores. Aliado a isso, a XP Investimentos investiu pesadamente em educação financeira, ensinando sobre o mercado acionário, mercado futuro e de renda fixa a uma nova leva de investidores. Um novo momento do mercado financeiro brasileiro passou a se desenhar a partir dali.

?!

Na tentativa de assegurar serviços bancários básicos no país, o Banco Central publicou a Resolução 3.919 em 25 de novembro de 2010, instituindo um pacote básico de serviços essenciais que deveria ser ofertado pelos bancos de varejo do Brasil. Já em 2016, o Banco Central passou a permitir a abertura e o encerramento de contas de forma totalmente digital, permitindo que outras instituições e, principalmente, as *fintechs* voltassem seus olhos para as oportunidades que passaram a surgir dessa facilidade oferecida à população.

O processo de desbancarização permite que o cliente economize com taxas e tarifas e tenha maior transparência e rentabilidade para seus investimentos. Também trouxe maior facilidade para aprimorar a educação financeira. Os usuários que optaram por descentralizar alguns serviços financeiros têm muito mais confiança e segurança na relação criada junto a esse novo agente.

A desbancarização já é uma realidade no Brasil e esse fenômeno ajudará o brasileiro, por exemplo, a sair da poupança e a investir melhor seu dinheiro.

Das contas eletrônicas para o mobile

Com a formalização das contas eletrônicas, surgiram várias *fintechs* oferecendo contas virtuais, cartões de crédito com ou sem plástico, *mobile payment* (efetuar pagamentos usando dispositivos móveis) e tantos outros serviços.

Através de tecnologias móveis como o celular (*mobile*), tanto os bancarizados, ou seja, aqueles que possuem alguma forma de conta bancária e, possivelmente cartão de crédito/débito, quanto os desbancarizados, aqueles que estão fora do sistema bancário, passaram a ter acesso a produtos e serviços de maneira fácil, ágil, segura e com baixo custo.

Segundo dados da Febraban, seis em cada dez transações bancárias foram realizadas por canais digitais em 2018, com representatividade crescente do *mobile*. Novos produtos e serviços, com alto valor agregado para os clientes, abriram um mundo financeiro ainda desconhecido para uma parcela da população, com acesso a contas de pagamento digitais em instituições sem agências, microcrédito, microsseguro, seguros em geral, recebimento de salários, recebimento de benefícios sociais, recarga de celular pré-pago e pagamento de boletos pelo celular.

Para que o ecossistema dos serviços móveis possa desenvolver todas as suas potencialidades, é adequado considerar a busca de modelos cooperativos entre as instituições financeiras, as operadoras de telefonia móvel e os órgãos reguladores, além de se levar em conta a importância dos provedores de tecnologia e estabelecimentos comerciais na cadeia de valor.

Em alguns países da África mais pessoas têm conta *mobile money* fora dos bancos do que em outras partes do mundo. Apesar do crescimento intenso em contas de *mobile money* na África subsaariana, o resto do mundo não acompanhou essa tendência. A maior parte do crescimento no número de contas aconteceu por aberturas feitas em instituições financeiras tradicionais. O próprio caso do M-Pesa, citado anteriormente, é um *case* de sucesso de como a inclusão financeira foi feita a partir da tecnologia *mobile* na África.

No Brasil, vivemos a ascensão do movimento *mobile*, permitindo um aumento ainda maior do acesso da população ao sistema financeiro e a produtos ofertados por diferentes agentes, que não só as instituições bancárias.

No entanto, é importante ressaltar que, para que aconteça a inclusão financeira através de meios digitais móveis (nos mais diferentes países), não basta apenas a ferramenta tecnológica, nesse caso, o celular. É também importante ter infraestrutura adequada para redes móveis, sistema de pagamentos desenvolvido, soluções que visem à educação financeira e possuam usabilidade adequada para a população menos favorecida (para usuários de primeira viagem, pessoas de baixa renda e indivíduos sem conhecimento e educação formal), regulamentação do setor que permita o estabelecimento e funcionamento de provedores de soluções, e sistema bem estabelecido de salvaguardas que protejam o consumidor.

Capítulo 5

FINTECHS NO MUNDO — O NOVO MOMENTO DO MERCADO FINANCEIRO

É inegável como as *fintechs* vêm impactando a vida dos consumidores pelo mundo e transformando a indústria financeira em diferentes localidades, à medida que traz novos competidores para a arena do mercado financeiro "tradicional".

Entre os anos de 2010 e 2018, o investimento global em *fintechs* ultrapassou a soma total de US$150 bilhões, com as startups dos EUA dominando as rodadas de captação na maioria dos anos, sendo superado pela China em 2018, cuja rodada de investimentos realizada pela Ant Financial, do grupo chinês Alibaba, impactou bastante e deu a liderança para o país naquele ano. O volume de negócios no setor dentro desse período cresceu a uma taxa de 18,5% em 2018, com os investimentos totais crescendo 107% relativo a 2017, puxados principalmente pela rodada de US$14 bilhões da Ant Financial.

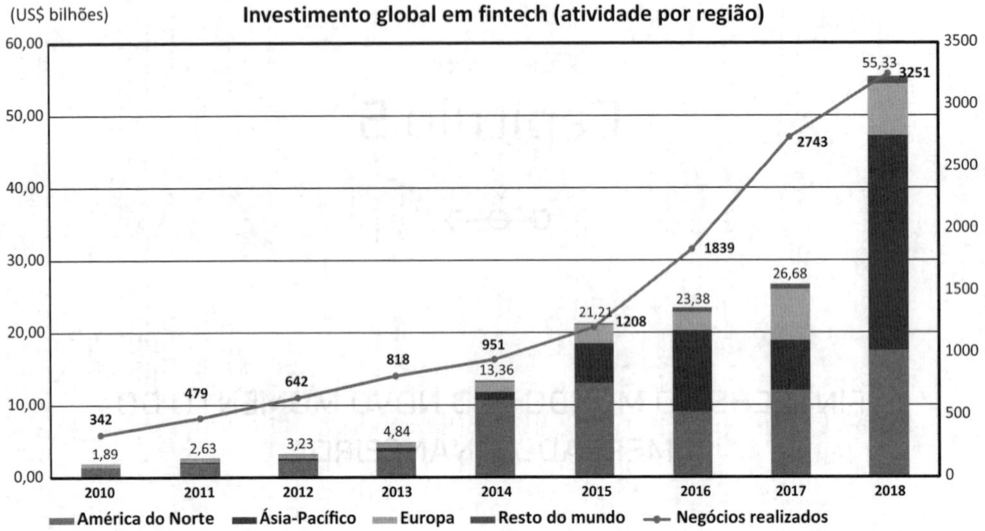

Fonte: Accenture.

No início da internet, o *e-commerce* transformou o setor de varejo, apontando novos rumos que criaram gigantes como Amazon e Ebay, o que alterou a dinâmica do segmento. De *buzzword*, o *e-commerce* se tornou um elemento fundamental no varejo mundial para qualquer companhia que ainda deseja se manter relevante no contexto digital atual, uma evolução do modelo vigente. No mundo financeiro, a mesma lógica também pode ser aplicada — **em breve, *fintech* será um elemento totalmente incorporado ao dia a dia do segmento, tornando-se indistinguível daquilo que entendemos por mercado financeiro.**

Ao longo deste capítulo, exploraremos a forma como diferentes cidades e países têm encarado esse momento de transformação da indústria financeira e se preparado, ou não, para um mercado no qual as *fintechs* se mostram cada vez mais presentes em nossas vidas.

A transformação dos centros financeiros tradicionais

A evolução do fenômeno *fintech* pelo mundo vem transformando os principais centros financeiros globais, ano após ano, exigindo que eles criem condições para o desenvolvimento das *fintechs*. Aqueles que não o fizerem estão fadados a perderem espaço ao longo do tempo.

Semestralmente, a consultoria britânica Z/Yen divulga o relatório "Global Financial Centres Index", que avalia a competitividade e classifica os principais centros financeiros do mundo. Esse relatório avalia de forma abrangente cinco áreas competitivas, sendo elas: ambiente de negócios, capital humano, infraestrutura, desenvolvimento do setor financeiro e reputação.

Entre os anos de 2017 e 2018 e durante muito tempo antes disso, as cidades de Nova York e Londres ficaram no topo do pódio (alternando o lugar) e Hong Kong vinha na terceira posição. Essas cidades são famosos ícones da indústria financeira e têm, cada uma a seu modo, desenvolvido um ambiente de negócios favorável para *fintechs*. No entanto, cidades como Singapura e Shangai vêm subindo cada vez mais no ranking, apontando para um futuro no qual a Ásia se torna cada vez mais relevante, sobretudo a China (veremos mais a respeito no *Capítulo 6*), e no qual o fomento à inovação tecnológica é fator decisivo nesse novo momento do mercado.

Pelo próprio ritmo da inovação, seria bastante complexo detalhar todos os cenários mundiais do ecossistema *fintech*; no entanto, é importante um olhar mais atento para alguns desses *hubs*. A seguir, descreveremos o processo de transformação dos principais polos financeiros atuais em polos *fintech*, bem como os desafios enfrentados nesse caminho.

Londres — A Meca fintech

Londres é considerada atualmente a capital das *fintechs*, e esse título não veio à toa. A metrópole britânica consegue reunir uma rara combinação de excelência cientifica e tecnológica, mão de obra especializada, ambiente regulatório favorável, incentivos governamentais e *expertise* como importante polo financeiro europeu.

Durante muitos séculos, Londres tem sido um dos principais centros financeiros do mundo, concentrando a maior quantidade de bancos e instituições financeiras do que qualquer outra cidade da Europa. Além disso, algumas das mais prestigiadas universidades do mundo estão situadas por lá, algumas delas sendo inclusive referência em formação de líderes do mercado financeiro e de tecnologia, dentre outros. Segundo dados da TheCityUK (órgão que representa profissionais de serviços financeiros e áreas relacionadas em Londres), em meados de 2015, havia aproximadamente 729.600 profissionais atuando em serviços financeiros e em áreas relacionadas na cidade. Cerca de 50.000 desses atuavam em *fintechs* à época.

Pesquisa de emprego em Londres (outubro de 2015)

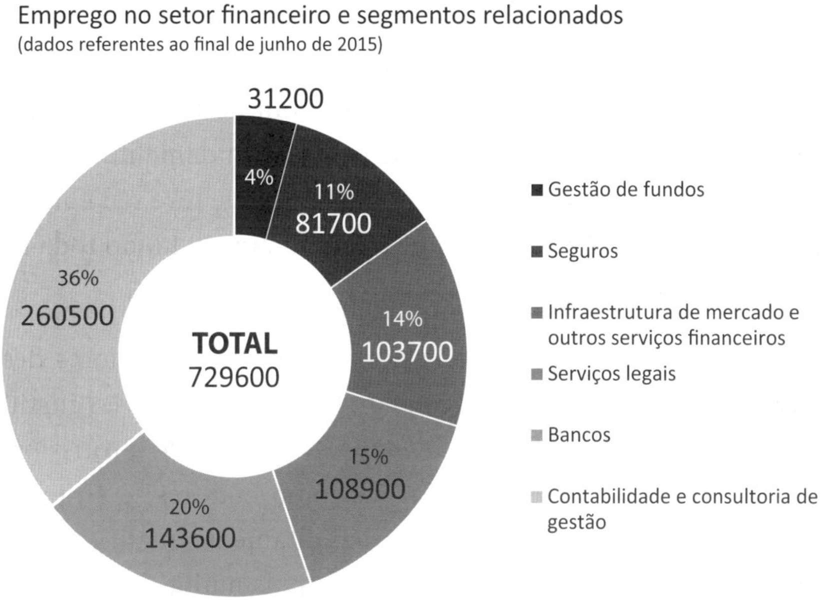

Mudança na quantidade de empregados no setor ao longo do tempo

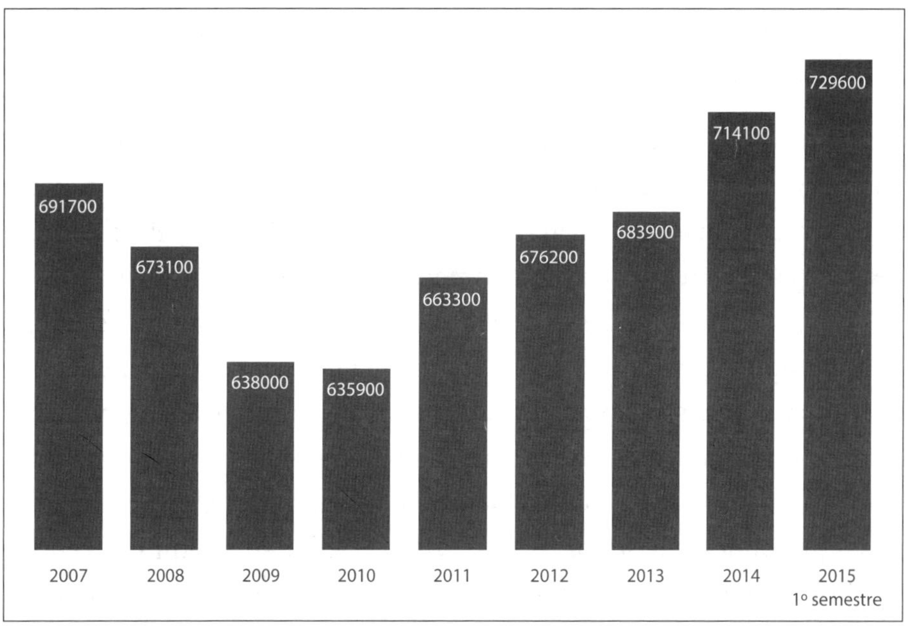

Fonte: TheCityUK.

Pode-se dizer que a cena *fintech* britânica deu seus primeiros passos com o lançamento de companhias como a Zopa (primeira empresa de *P2P lending* do mundo) e a RationalFX (primeira empresa a realizar operações de câmbio online no Reino Unido). O ecossistema continuou a se desenvolver timidamente até 2008, quando a grande crise mundial do *subprime* (que teve seu epicentro nos Estados Unidos) se alastrou pelo mundo, impactando toda a indústria financeira.

A crise de 2008, considerada por muitos uma das piores desde a Grande Depressão de 1929, golpeou duramente diversas instituições financeiras, levando ao desemprego de muitos profissionais nesse segmento pelo mundo. Cidades como Londres se viram, então, com um grande número de pessoas altamente qualificadas que não conseguiam emprego em suas áreas, pois muitas vagas haviam sido eliminadas, junto com algumas instituições. Nesse momento, alguns desses trabalhadores acabaram por decidir empreender no, então, novo mundo *fintech*, utilizando seus conhecimentos para criar produtos e serviços financeiros.

Em 2010, a prefeitura de Londres e o primeiro ministro britânico à época, David Cameron, quiseram transformar a capital britânica em um dos melhores lugares para startups no mundo. Para tornar essa visão em realidade, eles começaram a pensar em formas com as quais o Estado pudesse deixar o caminho livre para o desenvolvimento de novas empresas de tecnologia e prover o suporte necessário para que isso acontecesse. A partir dessa intenção, o primeiro ministro começou a realizar reuniões recorrentes em seu escritório, com os principais conselheiros, no intuito de mapear iniciativas que pudessem suportar essa visão. De lá, surgiram diferentes políticas de suporte a negócios inovadores como: incentivos fiscais para investidores anjos; alterações nas leis de planejamento urbano e termos de arrendamento de imóveis (possibilitando a criação de espaços de trabalho mais flexíveis pela cidade); mudanças no sistema educacional (tornando aulas de programação obrigatórias para crianças de 5 a 16 anos de idade); mudanças nas leis de imigração, para facilitar a atração de talentos; além da aproximação com grandes empresas de tecnologia, no sentido de incentivar a vinda delas para Londres (como ocorreu com o Google e culminou na criação do Google Campus Londres, espaço colaborativo aberto voltado a tecnologia e startups). Todos esses movimentos impulsionaram ainda mais o ecossistema de startups como um todo e impactou diretamente também as *fintechs* da cidade.

No campo regulatório, a abordagem progressista do regulador financeiro local, a FCA (Financial Conduct Authority), também foi vital para o desenvolvimento do segmento em terras britânicas, abrindo espaço para modelos de negócio inovadores.

Hoje, a FCA é um dos órgãos reguladores com maior influência em âmbito global, tendo exportado sua *expertise* e se tornado referência quando falamos sobre a regulamentação de negócios inovadores dentro da indústria financeira. Nesse sentido, acordos de cooperação com reguladores de Singapura, Austrália, Hong Kong e Japão, por exemplo, foram firmados com o objetivo de acelerar o desenvolvimento regulatório de *fintechs* nesses países.

Vale destacar algumas interessantes iniciativas regulatórias que foram estabelecidas no Reino Unido e deram um impulso às *fintechs* no país.

Em março de 2013, o Bank of England e a Financial Services Authority (FSA), que logo em seguida foi sucedida pela Prudential Regulation Authority (PRA) e pela FCA (Financial Conduct Authority), publicaram uma revisão de requisitos para a entrada de novos bancos no sistema financeiro local. Essa revisão definiu as alterações em duas áreas principais: reformas no processo de autorização para candidatos a bancos e uma grande mudança na abordagem à regulamentação prudencial das startups bancárias — popularmente conhecidas como *challenger banks*. Essas mudanças foram projetadas para reduzir barreiras de entrada e de expansão no setor bancário, tornar mais ágil o processo de autorização de uma nova instituição e permitir o aumento da competitividade perante os bancos existentes. Com isso, o processo de aprovação de uma nova instituição bancária, que poderia levar até dois anos para ser concluído, foi reduzido em até seis meses. As principais características das mudanças foram:

- Redução nos requisitos mínimos de capital para autorização.
- Redução nos requisitos de liquidez para todos os bancos entrante.
- Remoção de barreiras à expansão.
- Melhorias no processo de autorização existente.
- Uma opção adicional para o processo de autorização, referida como "mobilização". Quando utilizada, essa opção permite que o requerente da autorização bancária, ainda que não cumpra todos os requisitos para ser um banco de fato, possa ter uma "autorização com restrições", possibilitando que se mobilize para buscar novos investidores, recrutar pessoal, investir em sistemas e se comprometer com fornecedores e terceiros.
- Simplificação do processo de requisição de informações pelo regulador.

Em setembro de 2013, foi implementado no Reino Unido o Current Account Switch Service (CASS). Essa nova diretiva permitiu que clientes de bancos, tanto pessoas físicas quanto jurídicas, portabilizassem suas contas bancárias para outra instituição em um período de até sete dias. Esse processo deu maior liberdade de escolha aos clientes caso recebessem ofertas melhores de concorrentes, fazendo com que a transição acontecesse de forma fácil, rápida, gratuita e garantida pelo governo.

No intuito de facilitar e agilizar a entrada de novas empresas inovadoras no mercado financeiro, a FCA criou em outubro de 2014 o project innovate, uma comissão específica com um time dedicado às iniciativas de inovação do regulador. De lá saíram outras iniciativas, como o *hub* de inovação (focado em cooperações internacionais e experimentação de novas tecnologias), o *techsprint* (maratonas nas quais o regulador e participantes do mercado trabalham de forma colaborativa no desenvolvimento de ideias e provas de conceito voltadas para desafios do mercado financeiro) e o *regulatory sandbox* (um modelo regulatório que permite que *fintechs* e outras startups conduzam experimentos em um ambiente controlado, sob supervisão do regulador).

Em novembro de 2015, a FCA publicou seus planos para abrir seu *sandbox* regulatório, um espaço seguro onde tanto as empresas regulamentadas quanto as não reguladas poderiam experimentar produtos inovadores, serviços, modelos de negócios e formas de distribuição sem incorrer imediatamente em todos as consequências regulatórias do engajamento em tal atividade. Em julho de 2016, abriu-se a primeira turma para o programa de seu *sandbox* regulatório, no qual, após um período de seis meses de análises e testes junto ao regulador, as *fintechs* participantes do programa que possuíssem um modelo de negócio inovador e ainda não regulamentado poderiam receber uma autorização, ou não, para operar seus modelos de negócio inovadores no mercado de forma ampla.

Em abril de 2016, foi lançado o Commercial Credit Data Sharing (CCDS), iniciativa que exigia que os grandes bancos situados no Reino Unido compartilhassem as informações de crédito que detinham a respeito de seus clientes PMEs, com a permissão desses, igualmente com todos os provedores de finanças, incluindo bancos concorrentes e provedores alternativos de crédito — como as *fintechs* que fazem *P2P lending*, dentre outros. Combinado a isso, entrou em vigor em novembro de 2016 uma política de indicação de plataformas financeiras. De acordo com essa nova política, se uma pequena empresa for rejeitada para financiamento pelos grandes bancos, eles agora seriam obrigados a indicar algum provedor alternativo de crédito para essa empresa. Ambas iniciativas foram lançadas no sentido de facilitar o acesso das PMEs ao crédito corporativo e, por consequência, tornar os serviços das *fintechs* de crédito mais competitivos e conhecidos.

A Competition and Markets Authority (CMA), unidade governamental responsável por fortalecer a concorrência de negócios e prevenir e reduzir atividades anticompetitivas, publicou em agosto de 2016 um relatório concluindo que o mercado de bancos de varejo não era tão competitivo ou inovador quanto deveria ser. A partir daí, foi feito um esforço das autoridades locais no sentido de desenvolver padrões que permitissem o compartilhamento de dados bancários e conexão de forma fácil e segura entre as instituições participantes do mercado financeiro (as instituições estabelecidas juntamente com os novos entrantes), através de interfaces de programação de aplicações, conhecidas como APIs. As APIs abertas permitiriam que terceiros, desde que autorizados pelos clientes, acessassem informações importantes sobre produtos bancários, como taxas de juros e termos e condições de operações, bem como dados de contas de clientes, como histórico de transações e saldos de contas. Com a utilização desses dados, empresas terceiras poderiam desenvolver serviços inovadores adaptados às necessidades dos clientes, aumentando a oferta de produtos financeiros e, consequentemente, a competição. O novo padrão de APIs abertas para o mercado financeiro no Reino Unido entrou em vigor no começo do de 2018, junto da diretiva europeia que versava sobre esse mesmo assunto — conhecida como PSD2. Esse modelo de compartilhamento de dados é conhecido como *open banking* e será mais bem detalhado no *Capítulo 8*.

O que é um sandbox regulatório?

Apesar dos avanços tecnológicos nos modelos de negócio, o Reino Unido percebeu que a regulamentação poderia estar limitando a inovação de algumas *fintechs*. Diferente de setores onde há maior liberdade para a criação de novos produtos e serviços, o segmento financeiro é altamente regulado e a atuação de algumas empresas sem devida observância poderia causar risco ao sistema financeiro como um todo.

Assim, entendendo que seria interessante testar previamente como ocorreria a atuação desses novos negócios em condições nas quais as restrições não existissem ou fossem mais brandas, a FCA (Financial Conduct Authority), órgão regulador do Reino Unido, criou o *regulatory sandbox*, em 2015.

continua...

continuação.

O sandbox é um ambiente que permite que *fintechs*, ou até mesmo outras instituições financeiras possam oferecer seus produtos e serviços ao público, por um período limitado, sem as restrições impostas pela regulamentação vigente. A ideia é estimular a experimentação dos produtos e serviços, para que o regulador acompanhe de perto as inovações e avalie o impacto que terão na experiência do usuário, o quanto facilitam a vida das pessoas e também quais seriam os riscos reais decorrentes de sua implementação.

O conceito de *sandbox* vem da computação. É uma espécie de virtualização do ambiente, feita para se testar sistemas considerados não seguros. Assim, se algo acontecer durante o seu processamento, não afeta o sistema operacional da máquina.

Desde a criação desse conceito pelo regulador britânico, outros reguladores passaram a adotar esse modelo, como a MAS (Monetary Authority of Singapore), regulador de Singapura, que lançou seu *sandbox* regulatório em 2016. Outros países também têm estudado e desenvolvido modelos próprios, como Austrália, Indonésia, Hong Kong, Malásia, Indonésia, Espanha, México, Colômbia e o Brasil.

?!

Em seu próspero ecossistema *fintech*, Londres conta com várias aceleradoras (muitas delas patrocinadas por instituições tradicionais) e um importante espaço que se tornou símbolo da cena local e parada obrigatória para visitantes desse importante polo, a Level39. Inaugurada em março 2013 e situada em Canary Wharf, região financeira da capital que abriga um respeitável conjunto de edifícios comerciais, a Level39 ocupa o 24º, 39º e 42º andares do edifício One Canada Square e se apresenta como um dinâmico espaço de trabalho para startups financeiras, com infraestrutura de ponta e espaços para realização de eventos. As *fintechs* que se aplicam para terem suas empresas situadas na Level39 geralmente passam por uma intensa peneira, através da qual somente cerca de 10% acaba sendo aceita.

No mesmo espaço da Level39, situa-se também a Innovate Finance, entidade representativa independente e sem fins lucrativos, fundada em 2014, com o intuito de servir à comunidade *fintech* local, como uma espécie de associação do setor. Possui mais de 250 membros e é bem atuante no desenvolvimento do setor e na proposição de agenda regulatória. Anualmente, realiza o Innovate Finance Global Summit, um dos principais eventos do segmento na Europa, conectando a cena global e a local durante dois dias.

Em 2016, após o referendo popular que marcou a saída do Reino Unido da União Europeia (movimento que ficou conhecido como Brexit), foram levantadas dúvidas se Londres conseguiria manter sua atratividade como um dos mais importantes *hubs fintech* do mundo. Além de consequentes alterações na política de circulação de pessoas dos países que compõem a União Europeia, haveria possíveis restrições de acesso ao mercado europeu. Instituições financeiras situadas no Reino Unido que utilizam hoje sua capacidade de "passaporte" para abrir filiais em outros lugares pela Europa também perderiam essa possibilidade. Apesar dos prospectos negativos, alguns especialistas creem que, mesmo que o processo do Brexit prossiga, Londres ainda possui uma posição diferenciada perante a outros polos globais, tanto por sua forte comunidade local quanto por seu papel como influenciador de políticas regulatórias.

Nova York — transição em curso

Consagrado polo financeiro tradicional, a cidade de Nova York concentra, assim como Londres, uma grande quantidade de instituições financeiras, dispõe de mão de obra muito especializada — tanto em finanças quanto em tecnologia, possui uma excelente infraestrutura e centros educacionais de ponta à disposição. Na metrópole, foram fundadas empresas como a Bloomberg, na década de 1980, que alterou a forma como empresas e companhias consumiam informações do mercado financeiro, podendo ser considerado um avô do movimento *fintech*, que se viu por lá na primeira metade dos anos 2000.

A primeira geração de *fintechs* na cidade começou com empresas como a OnDeck (voltada para empréstimos digitais *P2P* a PMEs) — que foi fundada em 2007 e realizou IPO em 2014, a Betterment (empresa de investimentos automatizados online) — fundada em 2008, e a LearnVest (solução de gestão financeira) — que surgiu em 2007 e foi adquirida pelo grupo Northwestern Mutual, em 2015.

Após a crise de 2008, as instituições financeiras viram um maior aperto em seus requisitos de capital imposto pelos reguladores locais e passaram a sofrer crescente pressão para cortar custos e explorar as novas oportunidades de crescimento que surgiam oriundas da revolução digital, que se mostrava difícil de acontecer internamente, visto todo esse momento de arroxo financeiro.

Aos poucos, essas instituições foram percebendo que a inovação no setor estava sendo conduzida por novas e independentes empresas, as *fintechs*, que surgiam por ali naquele período e começaram a desenvolver estratégias para se relacionarem com esses novos entrantes. Nesse contexto de colaboração entre instituições estabelecidas e *fintechs*, é importante citar o papel da Partnership for New York City, organização que representa as lideranças empresariais da cidade e seus maiores empregadores do setor privado, que também dispõe de um fundo de investimentos com mesmo nome, como um catalisador desse processo.

O Partnership Fund for New York City é um fundo Evergreen (no qual os ganhos apurados são continuamente reinvestidos) de 150 milhões de dólares, criado em 1996 por Henry Kravis (sócio fundador do fundo de *private equity* KKR) e capitalizado pelos principais líderes de negócios e finanças de NYC. O objetivo desse fundo é identificar e suportar empreendedores baseados em Nova York, por vezes através de investimentos em suas companhias. Em 2010, o fundo passou a suportar também o segmento *fintech*, elegendo como uma de suas áreas foco, e colaborou com o estabelecimento do FinTech Innovation Lab na cidade — iniciativa operacionalizada em parceria com a consultoria Accenture. O programa do laboratório de inovação consiste em 12 semanas com intensa interação entre as *fintechs* participantes e executivos das instituições patrocinadoras do laboratório. Com essa exposição junto a grandes corporações, as *fintechs* têm conseguido encurtar os seus ciclos de venda, acessar potenciais clientes e, em alguns casos, receber aportes de investidores de capital de risco.

As instituições financeiras nova-iorquinas estão, cada vez mais, aprendendo a trabalhar mais de perto com as startups. Os bancos estão construindo seus próprios laboratórios de inovação, aceleradoras e fundos de capital de risco próprios (*corporate venture capital*), para trazer não apenas ideias novas, mas diferentes formas de pensar, testar e construir novos produtos.

No campo regulatório, Nova York e os Estados Unidos, como um todo, acabam tendo uma posição não tão boa quanto outros importantes *hubs fintech*. O sistema regulatório dos EUA envolve muitos órgãos diferentes no nível federal, bem como um regulador para cada estado. Essa complexidade não apenas torna o seu ambiente regulatório mais difícil para as *fintechs* navegarem, como também acaba sendo uma barreira para o desenvolvimento de uma política no segmento *fintech* que seja coesa e consistente. Para se ter uma ideia, a indústria de pagamentos móveis possui oito agências federais com poder de supervisão nesse segmento e 50 estados com suas próprias regras. Dessa forma, a abordagem regulatória acaba ficando muito fragmentada, sem uma estratégia clara e, por vezes, conflitante. Esse cenário acaba dificultando ações que fomentem ainda mais a inovação no setor, como a criação de um *sandbox* regulatório, justamente pela dificuldade de conciliar abordagens e visões de reguladores financeiros federais e estaduais, por exemplo.

Apesar de ainda não sair tão bem no quesito regulatório, Nova York tem se mostrado um interessante exemplo de um importante *hub* financeiro tradicional que tem se transformado em polo *fintech*, reunindo inclusive melhores recursos e condições nesse setor do que o Vale do Silício, afamado ecossistema tecnológico dos EUA.

Hong Kong — o portal asiático

Antiga colônia britânica e atual região administrativa especial da República Popular da China, Hong Kong é um importante *hub* financeiro, sendo considerado por muitos como um portal para a Ásia, devido a sua localização estratégica e capacidade de conciliar a cultura ocidental e oriental. Apesar de sua soberania transferida das mãos dos ingleses para a China no ano de 1997, Hong Kong possui alto grau de autonomia em diferentes esferas (como na judiciária e fiscal, por exemplo), com exceção das áreas de defesa e relações internacionais. A cidade frequentemente está nas mais altas posições em *rankings* que consideram liberdade econômica e facilidade para se fazer negócios. Possui também uma baixa taxa de impostos e moeda própria, o dólar de Hong Kong (HK$). Segundo dados do Departamento de Censo e Estatísticas de Hong Kong, em 2016, a indústria financeira representava cerca de 18% do PIB da cidade, no qual trabalhavam 7% da força de trabalho local — cerca de 253.100 pessoas.

Para transformar esse tradicional *hub* financeiro em um *hub fintech*, o governo local definiu o segmento como uma de suas prioridades e tem direcionado esforços e criado iniciativas no sentido de fomentar não só a atividade *fintech*, mas também startups de outros segmentos. Uma dessas iniciativas foi a criação do Cyberport em 2007, um complexo de edifícios que se autointitula uma "Comunidade Digital Criativa", dispondo de aceleradora de startups, complexo hoteleiro e de entretenimento. Em 2016, o Cyberport, que já havia incubado e investido em 320 startups até aquela data, anunciou a criação de um espaço dentro de sua área, chamado Smart-Space FinTech, um *coworking* de 3.250 metros quadrados voltado para empresas de tecnologia financeira. Nessa mesma data, foi lançado o Cyberport Macro Fund, um fundo de HK$200 milhões que realizaria coinvestimentos, juntamente com outros fundos de capital de risco (*venture capital*), em startups situadas no local pós-recebimento de investimento semente (*seed stage*), porém antes do recebimento de um investimento *series A* (série A). Em setembro de 2017, foi criado o Innovation and Technology Venture Fund (ITVF), um fundo de HK$2 bilhões que realiza investimentos em startups situadas em Hong Kong, também através de coinvestimento com outros fundos de *venture capital*.

Fases de investimento em startups

Durante a jornada de desenvolvimento de uma startup, faz-se necessária a busca por investimentos e fontes de recurso à medida que o negócio cresce e se desenvolve. Para tal, essas companhias podem utilizar capital próprio dos sócios (prática conhecida como *bootstrapping*), recorrer a família e amigos, investidores anjos (indivíduos que realizam investimentos em startups, em troca de participação acionária ou dívida conversível) ou fundos de *venture capital* (instituições especializadas em investimentos em negócios de alto risco e muitas incertezas, como as startups). Geralmente, essas captações acontecem em fases:

Pre-seed investment (investimento pré-semente): refere-se ao primeiro investimento levantado pelos sócios para, de fato, tirar o projeto do chão. Esse recurso geralmente vem dos próprios sócios, família, amigos, investidores anjos e aceleradoras de startups.

Seed investment (investimento semente): nesse estágio, o investimento buscado geralmente será utilizado para impulsionar uma startup rumo à expansão da equipe e ao melhor desenvolvimento do produto. É esperado que a empresa comece a ter um certo nível de tração depois dessa fase. Além dos participantes presentes na fase anterior, alguns fundos de *Venture Capital* (VC) também realizam investimentos nessa fase.

Series A (série A): o crescimento da receita financeira é o nome do jogo da série A. Nessa altura, espera-se que uma startup tenha evidências claras de que seu produto está ajustado às demandas do mercado e de que esteja acontecendo um aumento de sua base de clientes. A partir daí, costumamos ver a presença de superinvestidores anjos (indivíduos que têm um ótimo histórico de investimentos e bastante influência no setor) e fundos de VC.

Series B (série B): na série B, os investidores estão buscando o próximo estágio de crescimento, ampliar seu alcance de mercado e fazer crescer a empresa, para que ela possa atender níveis de demanda que requerem maior escala. De forma geral, essa rodada é utilizada para que a startup possa realizar contratações estratégicas de pessoal, expandir em diferentes segmentos de mercado ou experimentar diferentes fluxos de receita e, em casos mais extremos, até mesmo realizar aquisição de outras empresas que ofereçam uma vantagem competitiva. Por aqui, vemos a participação de VCs e *late stage* VCs — aqueles que possuem maior foco em startups em estágio mais avançado de desenvolvimento.

Series C (série C) e além: as rodadas da série C são levantadas para estimular a expansão em grande escala do negócio, muitas vezes levando à entrada em novos mercados, como outros países, ou à aquisição de outras empresas. Rodadas seguintes a essa geralmente seguem esse mesmo objetivo e continuam a progressão do alfabeto (*series D*, *series E*, e assim por diante). Como as incertezas sobre o negócio nesse estágio são menores, além dos VCs e *late stage* VCs, vemos também nessas rodadas a participação de empresas de *private equity*, acostumadas a comprar participação de negócios mais estáveis.

?!

Como forma de reforçar sua atuação no segmento *fintech*, o governo local, através da Invest Hong Kong (departamento responsável por investimentos estrangeiros diretos e expansão de negócios no local), estabeleceu uma célula dedicada a esse setor, inclusive criando a posição de *head* de *fintech* e os cargos de gerentes específicos para esse segmento em seus escritórios, em São Francisco e Londres. Os subsetores *fintech* priorizados pela Invest Hong Kong são: *blockchain*, cibersegurança, *regtech*, *insurtech*, inteligência artificial e *wealthtech*.

Em termos de representatividade no segmento, a cidade conta com a Associação Fintech de Hong Kong (FTAHK), organização independente e sem fins lucrativos fundada em junho de 2017, que representa a comunidade local e global de *fintech* de Hong Kong. O foco do trabalho da associação vai desde a educação no setor (com a realização de palestras e workshops junto a reguladores e universidades), participação em consultas regulatórias e publicação de manuais de boas práticas, até a realização de eventos conectando startups e instituições financeiras tradicionais.

No campo regulatório, as entidades mais relevantes para a atividade *fintech* são a Hong Kong Monetary Authority (HKMA), responsável por manter a estabilidade monetária e bancária; a Securities and Futures Commission (SFC), organismo estatutário independente, criado para regulamentar os mercados de valores mobiliários e futuros de Hong Kong; e a Insurance Authority (IA), regulador do segmento de seguros independente do governo. Em setembro de 2016, o HKMA lançou seu *sandbox* regulatório, permitindo, porém, que apenas os bancos e suas empresas de tecnologia parceiras conduzissem testes piloto de suas iniciativas de tecnologia financeira. Em setembro de 2017, o SFC também criou seu *sandbox*, permitindo a entrada de empresas já licenciadas por esse organismo e de startups que tivessem interesse em se submeter ao SFC como entidade regulada. Outras iniciativas incluem a criação do Fintech Contact Point pelo SFC, uma via de comunicação que busca facilitar o entendimento da comunidade local sobre o atual regime regulatório e que permite ao SFC ficar a par do desenvolvimento do segmento *fintech* em Hong Kong. Alguns acordos de cooperação foram também assinados entre os reguladores locais e reguladores do Reino Unido, Austrália, Suíça, Malásia, Dubai, Abu Dhabi e Brasil, no sentido de promover um maior intercâmbio de boas práticas de regulação de iniciativas financeiras inovadoras.

Considerando fatores de mercado, as *fintechs* que se instalam em Hong Kong devem ter em mente uma visão aberta em relação a sua atuação geográfica, visto que o mercado interno não é muito grande. O foco na Ásia, em primeiro momento, seguido de uma atuação global, pode ser uma estratégia vencedora.

Singapura — progresso acelerado

A República de Singapura é uma pequena cidade-estado situada no sudeste asiático, com cerca de 6 milhões de habitantes e moeda própria (o dólar de Singapura, SGD$), que promoveu uma verdadeira transformação econômica desde sua independência, tornando-se a segunda economia mais competitiva do mundo, segundo o ranking de 2018, publicado pelo Fórum Econômico Mundial, ficando atrás apenas dos EUA. A cidade se estabeleceu no século XIX como colônia britânica, foi ocupada pelo Japão durante a 2º Guerra Mundial, antes de retornar para o Reino Unido — que, em 1959, concedeu-lhe autonomia. Em 1963, Singapura se juntou à Malásia, porém se separou em 1965, ano em que emergiu como país independente.

Em um período de cinco décadas, Singapura realizou vários investimentos em educação e tecnologia, além de adotar medidas de livre mercado e ter se tornado referência em liberdade econômica, fazendo com que seja frequentemente apontada como uma das melhores cidades para se fazer negócio no mundo. Comparações com Hong Kong são inevitáveis, e a rivalidade entre os dois países de fato existe.

O segmento financeiro possui grande importância no desenvolvimento da cidade, correspondendo por 13,3% de seu PIB em 2017, que abriga os principais bancos do mundo e vários importantes gestores globais de recursos. Atenta ao movimento *fintech* global, Singapura tem mobilizado recursos e esforços para transformar sua indústria financeira e se posicionar como um dos mais importantes *hubs* globais nesse segmento.

Comandando essa transformação do segmento financeiro, está a MAS (Monetary Authority of Singapore), regulador local que lançou o segundo *sandbox* regulatório do mundo, depois do Reino Unido, no ano de 2016. Em 2018, a MAS divulgou seu plano de transformação da indústria financeira (Financial Services Industry Transformation Map), material que detalha sua visão para ser um líder global do setor na Ásia, focando em aprimoramento da regulação da inovação; abertura de APIs no sistema financeiro; desenvolvimento e atração de mão de obra *fintech*; realização de colaborações internacionais; melhoramento da interoperabilidade de sua indústria de pagamentos eletrônicos; desenvolvimento de um sistema de identidade digital; aplicação da tecnologia *blockchain* em pagamentos interbancários e financiamento de operações de comércio internacional (*trade finance*); e fomento da indústria de *venture capital*.

Como forma de atrair empreendedores e desenvolver seu ecossistema, o governo local criou um fundo de US$225 milhões em 2015, visando dar suporte à implantação de laboratórios de inovações corporativas e provas de conceitos de projetos *fintech*. Em 2018, também foi anunciada pela MAS a criação de um fundo de US$5 bilhões para investimentos em empresas de *venture capital* e *private equity* — comprometidas em se estabelecer ou expandir sua presença em Singapura. Somadas a essas iniciativas, temos incentivos fiscais e demais subsídios governamentais para a implantação de negócios inovadores no país, o que acaba tornando o local extremamente interessante para o surgimento de novas *fintechs*.

O organismo representativo do setor é a Singapore Fintech Association, uma iniciativa não lucrativa destinada a ser uma plataforma projetada para facilitar a colaboração entre todos os participantes do mercado e partes interessadas no ecossistema *fintech*. Os pilares da associação são a colaboração, conexão e cocriação. Em termos de conferências do setor, desde 2016 é realizado o Festival Fintech de Singapura, evento de uma semana organizado pela MAS, sendo um dos maiores do tipo no mundo.

Assim como Hong Kong, Singapura também tem um mercado interno pequeno e os empreendedores que se estabelecem por ali geralmente focam no mercado consumidor do sudeste asiático (do qual fazem parte países como Indonésia, Tailândia, Indonésia, Malásia, dentre outros) e, dependendo do estágio da solução, o mercado global. Devido a sua regulamentação progressista e aberta, a cidade tem se posicionado como um grande laboratório para projetos inovadores, atraindo mentes e negócios que buscam um solo fértil para trazer soluções diferentes para o mercado.

Os hubs regionais — crescimento fintech nas mais diferentes partes do mundo

Expandido a visão para além dos principais *hubs* financeiros tradicionais que estão em processo de transformação em *hubs fintech*, encontramos diferentes regiões pelo mundo que também estão sendo impactadas por essa nova forma de criar e implementar soluções financeiras por meio da tecnologia. Nessas regiões, vemos alguns lugares que se sobressaem e acabam se tornando *hubs* locais, seja devido ao fato de já serem bem desenvolvidos tecnologicamente, bem como por sua regulação, ambiente competitivo, ou incentivos governamentais. A seguir, exploraremos um pouco mais algumas das regiões mais importantes do mundo, descrevendo suas características e os principais *hubs fintech* que estão emergindo nelas.

América anglo-saxônica

Região que engloba os EUA e o Canadá, a América anglo-saxônica é um vasto território com aspectos culturais bastante homogêneos, porém com diferentes abordagens regulatórias no campo financeiro.

No **Canadá**, a cidade de **Toronto** se destaca como principal *hub*, onde cerca de 80% das *fintechs* do país estão situadas. As principais áreas de *expertise* estão relacionadas à inteligência artificial (sobre a qual centros acadêmicos como a Universidade de Toronto têm realizado diversas pesquisas), cibersegurança e *blockchain* (acerca da qual organizações como a Blockchain Research Institute, do especialista Don Tapscott, têm desenvolvido projetos em conjunto com corporações de diferentes setores). O mais representativo espaço do ecossistema local é o MaRS, um prédio que abriga *fintechs* e startups de diferentes setores, conectando empreendedores, investidores, corporações, mentores e universidades.

Além da cidade de Nova York, já citada nesse capítulo, os **Estados Unidos** têm a cidade de **São Francisco** (e as demais que formam o **Vale do Silício**) como um importante polo tecnológico que influenciou o surgimento de interessantes *fintechs*, tais como as empresas de pagamento PayPal, Stripe e Square, startups ligadas à tecnologia *blockchain* e criptoativos — como a Ripple e a Coinbase, e também empresas de empréstimo *P2P* — como a SoFi e a LendingClub. Além da mentalidade empreendedora que domina o Vale do Silício e seu maduro ecossistema de inovação, a grande quantidade de fundos de *venture capital* e investidores anjos são um importante diferencial competitivo desse lugar. Por outro lado, não há tantos especialistas em finanças nessa região quanto em Nova York, que, novamente, por estar inserida no contexto regulatório dos EUA (que não é tão bem coeso em relação à inovação financeira quanto o Reino Unido ou Singapura), acaba saindo em desvantagem quando comparada a outros fortes *hubs fintech*. Contudo, é importante lembrarmos que no Vale do Silício estão localizadas algumas das maiores empresas de tecnologia do mundo (também chamadas de *bigtechs*), como Facebook, Apple e Google — que têm, em alguma instância, começado a ofertar produtos e serviços financeiros para sua grande base de usuários. Essas companhias, juntamente com a Amazon (situada em Seattle), formam um grupo que tem sido chamado pelos especialistas de GAFA, acrônimo formado com a inicial de cada uma dessas empresas, que têm o potencial de transformar a indústria financeira à medida que novos modelos de negócio vão sendo desenvolvidos e permitidos na jurisdição onde elas atuam. Essa é uma tendência crescente que deve ser observada com atenção pelos consumidores, reguladores e atuais competidores nesse segmento — tanto *fintechs* quanto empresas financeiras estabelecidas.

GAFA e a entrada das bigtechs no mercado financeiro

GAFA é uma sigla que designa quatro das principais empresas de tecnologia da atualidade: Google, Amazon, Facebook e Apple. O termo apareceu pela primeira vez na imprensa no dia 20 de dezembro de 2012, no jornal "Le Monde", criado pela jornalista Cécile Ducourtieux como um acrônimo após reunir as iniciais de cada uma dessas empresas. Essas *Bigtechs*, como também são chamadas, possuem uma vasta base de usuários e têm, aos poucos, começado a ofertar a eles produtos financeiros, que conhecem detalhes sobre seu comportamento através de uma profunda análise de seus dados digitais. De soluções de pagamentos (ofertadas por praticamente todas essas empresas citadas) a empréstimos para pequenas e médias empresas (disponibilizados pela Amazon desde 2011), todo um ecossistema de serviços financeiros está sendo projetado pelas *bigtechs*, que tem hoje o desafio de ofertar essas soluções em diferentes países onde atuam e, por vezes, até em diferentes estados dentro dos EUA, conciliando exigências e normas de diferentes ambientes regulatórios.

?!

Ibero-América

A região da Ibero-América reúne os países que compõem a América Latina (incluindo o México, América Central, Caribe e América do Sul), mais Portugal e Espanha, onde vivem ao todo mais de 700 milhões de pessoas. Visando a uma maior cooperação, promoção do setor e troca de experiências em uma região que possui muitos desafios comuns, dentre eles a inclusão financeira, foi criado, em junho de 2017, a Alianza FinTech Iberoamérica, iniciativa que agrupa 13 associações de *fintech* que representam 20 diferentes países. Desde sua criação, a Alianza, que é considerada a maior iniciativa regional de colaboração no segmento *fintech*, já produziu diferentes estudos (tratando de *equity crowdfunding* a *sandbox* regulatório) e realiza encontros periódicos entre seus representantes em alguns dos países membros.

Considerando essa região, podemos destacar alguns países, com suas respectivas cidades-polo, que têm grande relevância e influência, seja pelo tamanho de seu mercado interno, número de *fintechs* ou sistema regulatório. São eles: Brasil (São Paulo), Espanha (Madrid), México (Cidade do México) e Colômbia (Bogotá). Detalharemos melhor o Brasil no *Capítulo 7*, e os demais a seguir.

Espanha: tem Madrid como mais importante *hub*, onde se concentram a maioria das *fintechs* do país e onde está localizado o Fintech Plaza, um espaço que busca agrupar startups e conectar o ecossistema local. O segmento é representado pela Associação Espanhola de Fintech e Insurtech (AEFI), fundada em 2016. No ano de 2018, a AEFI juntamente com a Associação Espanhola de Bancos (AEB), trabalharam em conjunto com o Ministério da Economia e a Comissão Nacional de Mercado de Valores (CNMV), regulador do mercado de valores mobiliários do país, na criação de seu *sandbox* regulatório.

México: a Cidade do México desponta como importante *hub* regional, onde se localiza a Fintech Mexico, associação representativa do setor fundada em 2015. No ano de 2018, o país obteve uma importante vitória no campo regulatório com a aprovação da Lei Fintech, uma das mais completas do mundo nesse setor, que fixou as bases legais para assuntos como *equity crowdfunding*, criptoativos, emissão de dinheiro eletrônico (*e-money*), empréstimos digitais, e a abertura de APIs no mercado financeiro local. Estão sendo preparadas no país leis secundárias que detalharão ainda mais as normativas de cada um dos assuntos mencionados anteriormente. O funcionamento de um *sandbox* regulatório próprio também está contemplado nessa nova lei.

Colômbia: o segmento *fintech* é representado pela Colombia Fintech, associação do país fundada em 2016, sediada em Bogotá, sua cidade-polo. Em 2017, a Superintendência Financeira da Colômbia, agência do governo colombiano responsável por supervisionar a regulamentação financeira e os sistemas de mercado, criou um grupo de trabalho de inovação financeira e tecnológica (InnovaSFC), com o objetivo de atuarem como facilitadores para a inovação no mercado financeiro. Esse grupo está trabalhando na implementação de um *sandbox* regulatório no país, dentre outras iniciativas.

África subsaariana

Essa região engloba países situados ao sul do deserto do Saara (47 ao todo) e inclui algumas nações que possuem grandes desafios sociais a serem superados, como Etiópia, Serra Leoa, Somália, dentre outras. A inclusão financeira se faz imprescindível, e algumas *fintechs* trabalham nessa região no sentido de ajudar a diminuir o abismo social ali existente. Um dos melhores *cases* de inclusão financeira ocorreu no Quênia, através do surgimento da *fintech* M-Pesa, que permitiu acesso a pagamentos, investimentos e depósitos digitais às milhares de pessoas que viviam à margem do sistema financeiro. Mais detalhes sobre esse *case* e sobre seu impacto na África subsaariana, podem ser encontrados no *Capítulo 4* deste livro.

Oriente Médio e norte da África (MENA)

A região conhecida como MENA (Middle East and North Africa) engloba países árabes e tem, em sua grande maioria, a economia baseada em petróleo e gases naturais — 60% das reservas globais de petróleo e 45% das reservas de gás natural se situam nessa região. Contudo, alguns países desse grupo vêm investido em seu setor financeiro e tecnológico, a fim de diversificar sua economia. Dentre aqueles que têm se destacado no desenvolvimento *fintech,* podemos destacar:

Israel: tem Tel Aviv como principal *hub* e é conhecida principalmente por seu *pool* de talentos especializados em tecnologia, contando com empreendedores com grande disciplina, forte cultura inovadora e propensão a risco. O principal espaço *fintech* de Tel Aviv é o The Floor, situado na bolsa de valores da cidade e focado em inovação aberta entre participantes do mercado e novas companhias. Conhecida como Startup-Nation, Israel é um dos países com a maior concentração de startups por metro quadrado — havia cerca de 4.300 por lá em 2016, sendo que cerca de 500 eram *fintechs*, de acordo com dados do departamento de estatísticas do país e do The Floor. Como o mercado consumidor interno é muito pequeno, praticamente todas as startups que nascem por lá focam o mercado externo, em especial o norte-americano e europeu. As soluções promovidas pelas *fintechs* que nascem por lá geralmente têm forte utilização de inteligência artificial e análise de dados (*data analytics*) e os setores mais fortes são os de cibersegurança e gestão de recursos automatizadas (*robo advisor*).

Dubai: é uma cidade-estado que faz parte dos Emirados Árabes Unidos e que presenciou um grande salto de desenvolvimento, a partir da década de 1990, quando começou a realizar investimentos no país com o intuito de diversificar sua economia e ficar menos dependente do setor de óleo e gás. Estima-se que, hoje, apenas 6% das receitas do Emirado venham desse segmento. Para modernizar sua também recente indústria financeira, Dubai tem investido na implementação da tecnologia *blockchain* em diferentes esferas governamentais, desde o registro de imóveis até o segmento de pagamentos — o portal de pagamentos online DubaiPay, ligado à iniciativa governamental Smart Dubai, agora usará tecnologia *blockchain* para reconciliação em tempo real e liquidação de transações. Para fomentar a indústria *fintech*, o Dubai International Financial Centre (DIFC), zona especial onde foi estabelecido o centro financeiro do Emirado, anunciou, em 2018, a criação de um fundo de US$100 milhões para investimentos em startups *fintech* e também um acordo de parceria com a Startupbootcamp Fintech, famosa aceleradora de startups focada no segmento *fintech*, para promover e fortalecer o empreendedorismo financeiro na cidade. Além disso, o regulador de Dubai, o Dubai Financial Services Authority (DFSA), tem firmado acordo com autoridades de outros países, como Hong Kong e Singapura, para promover um maior intercâmbio de boas práticas internacionais no setor.

Abu Dhabi: tal qual Dubai, Abu Dhabi também é uma cidade-estado que compõe os Emirados Árabes Unidos, sendo o maior produtor de petróleo e gás natural de todos eles — 9% e 5% das reservas globais dessas *commodities*, respectivamente, estão situadas lá. Buscando a diversificação de sua economia e fortalecimento da indústria financeira, Abu Dhabi tem realizado alguns movimentos por meio do Abu Dhabi Global Market (ADGM), seu centro financeiro. Uma das iniciativas do ADGM, anunciadas em 2018, foi uma parceria com a Plug and Play Tech Center, aceleradora de startups originária do Vale do Silício, para estabelecimento de um escritório na região. No mesmo ano, foi também anunciado o desenvolvimento de um *sandbox* regulatório próprio e um modelo de regulação para criptoativos pelo regulador local, o ADGM Financial Services Regulatory Authority (FSRA).

Europa

Dentro do contexto europeu, vale mencionar os avanços realizados pelos países nórdicos, que inclui a Islândia, Dinamarca, Noruega, Suécia e Finlândia, no segmento *fintech* — em especial, a Suécia, que está prestes a se tornar uma das primeiras sociedades do mundo a operar sem dinheiro em espécie. Um dos impulsionadores desse movimento por lá foi o aplicativo de pagamento digital Swish, respaldado pelos principais bancos do país, que permite aos clientes enviarem dinheiro de forma segura para qualquer pessoa com o aplicativo, usando apenas o número do celular. A Suécia, como polo da região nórdica, tem também interessantes casos de sucesso, como as *fintechs* Klarna e a iZettle — ambas do setor de pagamento.

Analisando de forma mais ampla o velho continente (retirando o Reino Unido, já tratado neste capítulo), vemos outros quatro países que valem menção especial, sendo que dois deles já possuíam um segmento financeiro desenvolvido e agora têm feito movimentos na direção *fintech* (Alemanha e Suíça), e os outros dois que não possuíam tradição financeira anteriormente, mas que estão se posicionando fortemente para se estabelecerem como relevantes *hubs* para a nova geração de serviços financeiros (Malta e Estônia).

Alemanha: a Alemanha tem como seu principal *hub* a cidade de Berlim (onde se encontra cerca de um terço das *fintechs* do país), seguida de Frankfurt (cidade que sedia a bolsa de valores que carrega o mesmo nome), Munique e Hamburgo. O país tem startups *fintech* distribuídas ao longo de seu território, sendo relativamente descentralizado nesse sentido, e notabiliza-se pela mão de obra especializada e boa colaboração entre instituições tradicionais e inovadoras. É considerado por alguns especialistas como um forte candidato a se tornar cada vez mais um importante centro de negócios *fintech* na Europa, ainda mais após o Brexit. O país tem os segmentos de *crowdfunding*, crédito digital, pagamentos, *robo advisor* e Gerenciamento Financeiro Pessoal (Personal Financial Management — PFM), entre os mais relevantes. Dentre alguns dos principais casos de sucesso da Alemanha, podemos destacar a *fintech* N26 (banco digital sediado em Berlim) e a Kreditech (focada em crédito digital e localizada em Hamburgo).

Suíça: com grande tradição em serviços financeiros (especialmente gestão de recursos), a Suíça sempre foi um importante polo financeiro mundial, tendo boa parte da atividade do setor concentrada em Zurique. Carregando por muito tempo o estigma de paraíso fiscal, no qual correntistas dos bancos locais estariam protegidos em função de sua política de segredo bancário, a Suíça se viu pressionada diante de muitas investigações de evasão fiscal realizadas por outras jurisdições (especialmente os EUA) e acabou encerrando recentemente essa conhecida prática. Desde antes dessa data, já era esperada uma medida como essa e os participantes do mercado local vinham pensando em como modernizar seu sistema financeiro, ainda mais considerando que a Suíça é uma das regiões mais inovadoras do mundo em termos de tecnologia e possui vasto capital intelectual vindo de centros acadêmicos de excelência localizados por ali. Devido ao sistema político local, que dá bastante autonomia aos Cantões (espécie de estados) que compõem o país, vimos diferentes regiões tomar iniciativas próprias no sentido de fomentar a cena *fintech* local. Um desses Cantões é Zug, uma pequena região que, em 2016, passou a aceitar *bitcoins* para pagamento de impostos e demais serviços administrativos do governo. Com isso, aliada à política de baixos impostos já existente, uma forte onda de empresas voltadas para a criptoeconomia começou a se estabelecer no local, chamando-o agora de "Crypto Valley". Percebendo esse movimento, a autoridade supervisora do mercado financeiro suíço (FINMA), começou a trabalhar na otimização do sistema regulatório local para criptoativos e *blockchain* (em assuntos como a emissão inicial de criptoativos, ICO — Initial Coin Offering), visando tornar o país em uma criptonação.

Dentre as principais associações do segmento, destacam-se a Crypto Valley Association (baseada em Zug, fundada em 2017) e a Swiss Finance + Technology Association (localizada em Zurique e existente desde 2015).

Além do setor de *blockchain* e criptoativos, o ambiente *fintech* local também tem se destacado nos segmentos de *robo advisor, regtech*, cibersegurança e *insurtech.*

Estônia: a pequena Estônia, cuja principal e mais populosa cidade é Tallinn, ganhou bastante atenção pelos recentes movimentos na área digital. O governo local transformou os serviços públicos através da iniciativa e-Estonia, digitalizando desde a identidade de seus moradores até o recolhimento de impostos, facilitando a interação entre seus cidadãos e o Estado com o uso de soluções eletrônicas. Em 2014, o país criou o programa e-Residency, permitindo que estrangeiros tivessem acesso aos diversos serviços digitais do governo que são ofertados aos moradores locais (incluindo a possibilidade de abrir empresas com certa facilidade), o que acabou atraindo muitos empreendedores para o local. Recentemente a Estônia abraçou a tecnologia *blockchain*, inclusive tendo um ambiente favorável para emissão de ICOs, o que, combinado com as facilidades mencionadas anteriormente, fez com que o país se tornasse um dos destinos preferidos para empreendedores do setor.

Malta: situada ao sul da Europa, a República de Malta é um dos menores países do velho continente e vem se posicionando como a "Ilha Blockchain", à medida que seu governo vem regulando o segmento de criptoativos e desenvolvendo um ecossistema ideal para startups e investidores em seu país. Algumas regulamentações recentes culminaram na criação da Malta Digital Innovation Authority (MDIA), órgão que supervisiona e provê garantias jurídicas para as startups do segmento sediadas por lá, e em uma lei que versa a respeito de ativos digitais — contemplando criptoativos, operações de ICO e corretoras de criptoativos. Esse movimento tem atraído vários empreendedores, inclusive a famosa corretora Binance, que anteriormente estava sediada em Hong Kong.

Ásia-Pacífico

A região Ásia-Pacífico (APAC) inclui vários outros agrupamentos de países — tais como Sudeste asiático, Ásia Oriental, Polinésia, Austrália, Zelândia, Melanésia Micronésia e Ásia Meridional —, sendo uma região bastante populosa e diversa, tanto culturalmente quanto economicamente. Excluindo Singapura (tratada neste capítulo) e a China (tema do *Capítulo 6*), exploraremos alguns importantes *hubs* que possuem grande influência nesse contexto.

Índia: a Índia é um país que desenvolveu bastante suas capacidades como um polo na área de tecnologia da informação, sediando algumas das mais importantes empresas de TI do mundo, graças à disponibilidade de mão de obra técnica qualificada e barata. Considerando a área financeira, a Índia possui boa parte de sua população à margem dos serviços financeiros tradicionais e muitas oportunidades de transformação desse cenário. Desde 2016, foi observada uma forte adoção de serviços *fintechs*, com destaque para áreas como pagamentos, empréstimos digitais, *insurtech* e *regtech*. As principais cidades são Mumbai (onde a Startupbootcamp Fintech roda seu programa regional de aceleração) e Bangalore. O governo local também possui iniciativas de atração de novas companhias para o país, como a Startup India, que concede benefícios fiscais, mentorias, entre outros.

Em 2016, a National Payments Corporation of India (organização responsável por pagamentos e liquidações no país) desenvolveu o sistema UPI (*Unified Payments Interface*), para facilitar pagamentos interbancários de forma instantânea. Esse sistema é regulado pelo Reserve Bank of India (Banco Central local) e passou a possibilitar a transferência de fundos entre contas em tempo real por meio de plataformas móveis. A criação desse sistema veio dinamizar o ambiente de pagamentos no país, abrindo espaço também para a entrada de empresas de tecnologia nesse segmento.

É importante destacar também que, no ano de 2018, começaram testes da função de pagamentos do aplicativo WhatsApp (solução de mensageria da *bigtech* Facebook, que é amplamente utilizada na Índia), graças a uma aproximação entre a empresa de Mark Zuckerberg e o governo indiano (e também facilitada pelo sistema UPI). Uma vez expandida para outras regiões do mundo, essa funcionalidade poderá demonstrar, mais uma vez, o potencial do poder das *bigtechs* em mudar a dinâmica dos pagamentos móveis no mundo.

Austrália: no país, há uma grande concentração bancária e o governo tem focado no segmento *fintech* como uma forma de revisar seu sistema financeiro como um todo. A principal cidade polo é Sidney, onde estão situadas a Fintech Australia (associação local) e a Stone & Chalk — espaço de conexão do ecossistema, aos moldes da Level39 e The Floor. Algumas das principais iniciativas regulatórias incluem a criação de um *sandbox* regulatório pela Australian Securities and Investments Commission (ASIC), o estabelecimento de um centro de inovação da ASIC, o desenvolvimento de um padrão de APIs abertas no sistema financeiro local, a assinatura de acordos de cooperação *fintech* com outros países, entre outros.

Japão: tendo Tóquio como seu principal *hub*, o Japão é uma das maiores economias mundiais e tem realizado alguns avanços no segmento *fintech*, especialmente em relação aos criptoativos e ao desenvolvimento da tecnologia *blockchain*. A Financial Services Authority (FSA), órgão regulador local, desenvolveu um escopo regulatório para o segmento cripto no país, sendo responsável pela supervisão e licenciamento de empresas do setor, como corretoras, a partir de 2017. Nesse mesmo ano, os criptoativos foram reconhecidos como método de pagamento equiparado à moeda convencional. Como passo adicional no segmento, em 2018, foi aprovada a criação Japan Virtual Currency Exchange Association (JVCEA), associação composta por corretoras de criptoativos e que será agora responsável pela autorregulação desse setor no país.

Diferentes hubs, diferentes dinâmicas

Pudemos ver que o fenômeno *fintech* tem alterado a dinâmica de vários países em relação ao mercado financeiro, bem como a forma como o regulador lida com inovação. Para o empreendedor, é crucial conhecer o panorama global, seja para explorar novos mercados seja para escolher o destino de seu próximo negócio que, em alguns casos, pode ainda não ter condições regulatórias e mercadológicas suficientes para ser implementado em seu país de origem.

Capítulo 6

CHINA: UM MUNDO À PARTE

Não há nada que se compare ao está acontecendo na China, não somente em relação às *fintechs*, mas também a tudo que envolve novas tecnologia e disrupção de antigos modelos de negócio.

Evidentemente, qualquer comparação numérica ou de volumes, entre os mercados ocidentais e o chinês, é um exercício de humildade e de reconhecimento ao fantástico esforço empreendido pela China, em tudo o que diz respeito à massificação de mercados, produtos e serviços.

Muitos de nós conhecemos a China ainda com a visão distorcida e contaminada por uma realidade que já ficou no passado. Durante sua história, a expansão industrial do país trouxe o surgimento de muitas fábricas e deu aos chineses a oportunidade de "copiarem" o que estava sendo feito pelo Ocidente, com qualidade geralmente duvidosa e emprego de mão de obra barata.

Até meados da década de 1990, a China estava atrás do Brasil em termos econômicos. Segundo dados do Fundo Monetário Internacional (FMI), em 1990, o PIB brasileiro foi de US$455 milhões, enquanto o chinês era de aproximadamente US$395 milhões. Passados seis anos, já em 1996, o Brasil foi ultrapassado e, a partir daí, a economia chinesa avançou e adquiriu novos contornos, crescendo fortemente e ocupando em 2018 o posto de segunda maior economia do mundo — atrás dos EUA.

Sabemos que o Vale do Silício tem sido considerado a região mais inovadora do planeta e lar das principais *bigtechs* que conhecemos no Ocidente. No entanto, vem surgindo alguns rivais praticamente no mesmo nível de inovação do outro lado do mundo, situados no abundante mercado chinês. O gigante asiático se transformou em um *hub* de inovações em várias áreas da economia, indo desde a produção de hardware e software à criação de modelos disruptivos de negócios digitais.

Uma breve revisão histórica e cultural da China

Algumas pessoas, quando pensam na China, imaginam um grande território habitado por um único povo, com os mesmos costumes e falando a mesma língua. No entanto, a população chinesa é muito diversa, fruto das várias transformações ocorridas em sua história milenar.

O governo chinês reconhece oficialmente 56 etnias. Conhecer um pouco sobre elas é importante para entendermos melhor a riqueza cultural do país. A etnia mais numerosa é a Han, que compõe cerca de 92% da população. O nome tem origem na dinastia Han, uma das mais famosas e poderosas do país. Formam a maior parte da população em quase todas as províncias, com exceção de Xinjiang e o Tibete. Os Han poderiam ser considerados como o verdadeiro povo chinês, pois a língua, a culinária e os costumes tradicionais do país derivam-se deles. Formam um grupo de mais de 1 bilhão de pessoas (em 2017, havia cerca de 1,4 bilhão de pessoas ao todo) e, entre eles, há uma grande diversidade cultural.

A língua chinesa "oficial" que conhecemos é o mandarim, dialeto que se tornou o principal na região ao norte do país, onde está a capital Pequim. No entanto, cada província tem seu próprio dialeto chinês, como, por exemplo, o cantonês — falado na província de Cantão e nas regiões administrativas especiais de Hong Kong e Macau. Outra coisa que difere muito é a culinária chinesa, pois cada região tem suas próprias especialidades.

A China avança com um modelo de desenvolvimento, com base na urbanização, no estímulo ao consumo, nos investimentos em educação e inovação tecnológica. Alguns estudos presumem que, no ano 2030, a população economicamente ativa da China será responsável por contabilizar US$0.12 de cada dólar gasto nas cidades ao redor do mundo. O aumento do consumo por parte dos chineses traz uma reforma no setor comercial, que passa a buscar por produtos mais sofisticados, à medida que cresce a renda média dos chineses que moram nas áreas urbanas. As alterações no mercado consumidor chinês são consequências das amplas mudanças sociais que têm acontecido no país. O deslocamento da mão de obra entre cidades, bem como a migração das áreas rurais para as mais urbanas, causa impacto direto na organização do mercado de trabalho do país e, por consequência, em seu mercado consumidor.

A China conta com mais de 15 megacidades, termo que define cidades com mais de 10 milhões de habitantes. Hoje, já tem a maior área urbana do mundo, o Delta do Rio das Pérolas, antiga área rural que agora abriga cerca de 57 milhões de habitantes.

O consumo chinês nas áreas urbanas tem sido fortemente impulsionado pelo aumento do comércio eletrônico. É previsto que, até o ano 2020, por volta de 40% das vendas no mercado chinês serão realizadas por meio eletrônico, graças a muitas empresas de pequeno e médio porte que surgem a cada dia — muitas dessas operando exclusivamente no ambiente digital.

Os chineses, pós-Revolução Comunista, abraçaram o empreendedorismo em múltiplos setores e atividades econômicas, mas evidentemente essa transformação não aconteceu do dia para a noite.

As reformas chinesas — um milagre bem executado

Inicialmente, é importante entender o papel do Partido Comunista e seus governantes nas transformações e reformas que foram sendo implementadas, ainda que vista como graduais aos olhos ocidentais.

Desde a morte do principal líder da Revolução Comunista, Mao Tsé-Tung, no início dos anos de 1980, os líderes chineses reconheceram a necessidade da realização de reformas que fossem lentamente liberando o Estado chinês da excessiva centralização de poder e da enorme burocracia que controlava praticamente toda a vida da população, impedindo qualquer possibilidade de liberdade econômica.

Nesse início, coube a Deng Xiaoping a árdua tarefa de eliminar as travas e limitações que impediam qualquer ação ou liberdade econômica da população. Evidentemente, ao liberar gradualmente as possibilidades de o cidadão ganhar seus próprios recursos, através de atividades até então inimagináveis, houve nesse princípio uma explosão de crescimento econômico, impulsionado em boa parte por pequenos comerciantes, produtores agrícolas e artesãos, antes impedidos de comercializar seus produtos diretamente aos consumidores.

Mas, ao iniciar esse processo, fizeram-se necessárias outras reformas econômicas, que foram implementadas nos anos seguintes. Contudo, é importante ressaltar que muitas dessas reformas, responsáveis pelo "Milagre Chinês", foram implementadas de forma similar em diversos outros países em desenvolvimento, mas certamente nenhum outro país o fez com tamanho sucesso e disciplina.

O modelo adotado pela China priorizou dois fundamentos para os resultados alcançados pelas reformas:

1. O crescimento exponencial da poupança interna.
2. A decisão de centralizar no Estado (e não nas empresas privadas) os investimentos em infraestrutura necessários.

Esses dois fundamentos foram os pilares do crescimento econômico chinês nas últimas décadas, pois grande parte dessa imensa poupança interna chinesa seria utilizada nos anos seguintes, de 2010 em diante, para alavancar a imensa massa de empreendedores ávidos por criar produtos e serviços, a fim de vender para outros mercados mundo afora. As políticas macroeconômicas implementadas nesse período transferiram enormes volumes de recursos dessa poupança interna para aquela massa de empreendedores que iniciavam seus negócios.

Assim, a revolução econômica chinesa e o impressionante desenvolvimento de inúmeras empresas, pequenas, médias e gigantescas, foram resultado de decisões e reformas econômicas executadas com maestria e disciplina por seus governantes. No caso chinês, em termos práticos, não houve "milagre".

A fonte do conhecimento

Com o passar dos anos, a China adquiriu muito mais que a capacidade de fabricar produtos similares aos que já existem, desenvolveu também a capacidade de gerar talentos e, a partir disso, negócios cada vez mais inovadores. Esses talentos chineses obtiveram conhecimento diretamente das principais fontes ocidentais, os EUA e a Europa. Há muitos anos que os chineses enviam milhares de estudantes para as melhores universidades do mundo e, atualmente, muitos estão à frente das grandes empresas chinesas.

Hoje, há universidades na China, como a Tsinghua University, em Pequim, que formam profissionais tão capacitados quanto os das mais importantes universidades do mundo.

Essa formação de talentos dentro do país potencializa o surgimento de características próprias nos produtos e serviços inovadores chineses. Ao juntar talentos, conhecimento, financiamento e um mercado gigantesco, temos alguns dos principais fatores que possibilitaram as bases para o desenvolvimento de um forte ecossistema de startups.

O desenvolvimento de competências tecnológicas específicas também é vital para o progresso dessa nação no campo tecnológico. Em 2017, a China revelou um ambicioso plano para liderar o mundo em pesquisa e implantação de Inteligência Artificial (IA) até 2030. O país já é um relevante competidor global nesse ramo, tendo suas maiores empresas como referência em implantação e desenvolvimento, mas os objetivos do país vão além. O projeto não visa apenas expandir a pesquisa e o desenvolvimento de tecnologia de IA, mas também encontrar maneiras de implementar seu uso em todos os setores da sociedade, do planejamento urbano à indústria. A fim de executar esse projeto, o Ministério da Educação lançou, em abril de 2018, o Plano de Ação de Inovação Artificial para Instituições de Ensino Superior. Esse plano propõe acelerar o desenvolvimento do treinamento de talentos de IA, em faculdades e universidades, e fortalecer o relacionamento entre universidades e empresas para a inovação tecnológica.

Tudo nos leva a crer que a China tem direcionado importantes esforços para desenvolver o setor educacional, essencial para o desenvolvimento de uma potência digital com objetivos tão ambiciosos.

A ascensão do segmento de tecnologia na China

A transformação da China no setor tecnológico foi tão rápida e impactante que boa parte da população, sobretudo os jovens chineses, sequer experimentaram algumas transições tecnológicas do mundo ocidental. Foi grande o salto que levou uma parcela dos chineses a ter seu primeiro contato já com o que há de mais moderno no mundo em termos de inovação.

No mundo ocidental, podemos dizer que houve uma transição gradual em nosso contato com tecnologia. Passamos do computador pessoal (Personal Computer — PC) ao notebook, para, só então, chegarmos ao uso do smartphone e tablet. A população chinesa, por sua vez, pulou várias etapas e se transformou em usuários extremamente ativos do celular, à frente de muitos países.

Considerando o meio financeiro, muitos países no Ocidente foram lentamente deixando de ser sociedades que faziam forte uso do dinheiro em espécie (*cash*), migrando para formas de pagamento como o cartão de crédito/débito e, ainda muito timidamente em alguns poucos casos, utilizando de forma ampla o celular como meio de pagamento. Já na China, a situação aconteceu de forma diferente. Podemos dizer que a geração atual de chineses economicamente ativos não conheceu o cartão de plástico, seja no formato débito ou no crédito, como a sociedade ocidental. Essa indústria mal atingiu os estágios iniciais por lá. O que aconteceu foi que eles saltaram diretamente para os meios de pagamento móveis digitais, que são amplamente utilizados pelos mais diferentes negócios no país, desde uma cafeteria até o vendedor ambulante. Para se ter uma ideia, foram transacionados, por meio das carteiras digitais móveis, o equivalente a US$5,5 trilhões em 2016, através dos principais serviços utilizados no país — notadamente, o WeChat da Tencent e o Alipay da Ant Financial, pertencente ao grupo Alibaba). Nos Estados Unidos, o total movimentado no mesmo ano, via serviços de pagamento móveis digitais, foi US$112 bilhões, um número que, colocado em perspectiva, evidencia o quanto a China está à frente de outras grandes nações nesse quesito.

À medida que a nação chinesa, que estava promovendo suas reformas, já produzia tecnologia para outros países e começava a ter contato com a internet que se desenvolvia, mesmo que com acesso mais restrito que o resto do mundo, algumas das primeiras empresas digitais (que nos anos seguintes se tornariam gigantes) começaram a aparecer. Em uma sociedade que tinha um alto nível de poupança e grande desejo de consumo de bens e serviços, não por acaso, vimos o surgimento da Alibaba, que começou como um *e-commerce* de produtos em 1999. Hoje, ela é um conglomerado de empresas que produz bilhões de dólares em receitas e lucros, com ramificação em diversos segmentos.

No ano de 2004, foi criada o Alipay, a plataforma de pagamentos da Alibaba. O objetivo era disponibilizar tecnologia para que os clientes do site pudessem realizar transações online. A ideia foi um sucesso e a tecnologia se tornou líder em transações online na China. Sendo usada, inclusive, para pagamento de serviços presenciais, como em táxis. Outro produto interessante criado foi o Yu'E Bao, em 2013, fundo de investimentos de alta liquidez (conhecido como *money market*) integrado à carteira Alipay e gerido pela gestora Tianhong Asset Management, que se tornou o maior fundo do tipo no mundo. Com o crescimento, o grupo Alibaba transformou o Alipay em uma *spin-off* — empresa criada por meio de outra já existente. A separação das unidades de negócio aconteceu em 2014, quando o grupo de comércio eletrônico chinês fez sua oferta pública de ações na bolsa de Nova York. Após a separação do Alibaba, a Ant Financial, nome da nova empresa criada que se tornou detentora do Alipay, tornou-se uma das *fintechs* mais valiosas do mundo. Vale destacar que a Ant Financial tem realizado investimentos em *fintechs* mundo afora, sendo que um desses investimentos foi realizado na empresa brasileira Stone Pagamentos, em 2018, em montante total de US$100 milhões adquiridos por ocasião do processo de IPO da empresa.

O site Alibaba foi criado por um ex-professor universitário, chamado Jack Ma. A trajetória de sucesso de Jack Ma começou com a primeira empresa de internet da China: um site chamado China Pages. Na época, o governo comunista do país atrapalhou os planos de Jack e, com isso, a empresa fechou. Em 1999, o empresário tentou um novo negócio, com um grupo de 17 amigos, e criou o Alibaba. Com o tempo, o site começou a render bons frutos e, hoje, o *e-commerce* tem alcance global. Jack Ma se tornou uma personalidade na China. O site AliExpress, que faz grande sucesso no Brasil, também pertence ao grupo Alibaba. A empresa vem liderando entre as companhias de tecnologia do mundo, tais como Apple, Google e Microsoft.

?!

Um ano antes da criação da Alibaba, em 1998, surgia outra importante empresa de tecnologia chinesa, a Tencent, que se tornou a responsável por alterar as dimensões da indústria de internet no país. Nos anos que seguiram, a companhia se transformou em um conglomerado, oferecendo uma variedade de serviços que incluem redes sociais, jogos online, portais, serviços financeiros móveis, dentre outros. A maior parte desses serviços é ofertado através do WeChat, uma plataforma bastante popular no país que concentra várias funcionalidades como mensageria, *delivery* de comida (entrega), solução de mobilidade urbana, música, redes sociais e até solução para relacionamentos (similar ao Tinder). Dentro da plataforma WeChat, funciona também a WePay, soluções de pagamento do grupo utilizadas por mais de 1 bilhão de pessoas e o WeBank, banco totalmente digital que funciona apenas pelo celular. Além de tudo isso, a Tencent (através de seu braço de investimentos) também tem participações em empresas como Tesla, Snap, o aplicativo de transportes Didi Chuxing (dona da 99 no Brasil), a N26 (banco digital alemão) e o Nubank (*fintech* brasileira).

Ainda nos primórdios da internet chinesa, surge nos anos 2000 o Baidu, um dos primeiros buscadores de internet do país e atualmente o mais utilizado. Um dos fatores que acelerou seu crescimento na China e garantiu sua dominância é o fato de existir um forte controle de mídia imposto pelo governo, o que faz com que o motor de busca da empresa filtre qualquer material que pareça controverso aos olhos da autoridade local. Em função desse controle, soluções de empresas como Google e Facebook, por exemplo, não são autorizadas por lá. Hoje, o Baidu tem maior parte de sua receita advinda de anúncios (tal como faz o Google no Ocidente) e oferece vários serviços e produtos, desde antivírus até caixas de som com assistente pessoal, similar ao Google Home, do Google, e a Alexa, da Amazon. No segmento financeiro, o Baidu lançou em 2014 um fundo de investimento chamado Baidu Baifa 100 Index Fund, o primeiro fundo de estratégia quantitativa (em que a decisão é tomada por base em algoritmos) baseado em *big data*. Esse fundo toma decisão com base na análise dos dados mais buscados em sua plataforma, entendendo o comportamento dos usuários e alocando compras e vendas de ações baseado nessa informação. Aprofundando ainda mais na oferta de serviços financeiros, o Baidu criou em 2015 seu braço *fintech*, chamado Baidu Financial Services Group. Essa divisão foi responsável pela criação da carteira digital do grupo, Baidu Wallet, além de um serviço de crédito e de gestão de recursos online. Em 2018, foi feito uma *spin-off* dessa área, rebatizada de Du Xiaoman Financial, que passou a atuar de forma independente, ainda tendo o Baidu como sócio, e recebeu investimentos de grandes fundos de *private equity* globais.

Não podemos deixar de mencionar também a fabricante de hardware Xiaomi (considerada a Apple chinesa), fundada em 2010 e que produz uma vasta gama de dispositivos, dentre os quais o carro-chefe são os smartphones. Em 2015, a Xiaomi passou a ofertar uma solução financeira chamada Huoqi Bao, que inicialmente consiste em um fundo no qual os usuários do smartphone podem aplicar recursos. Esse produto foi criado graças a uma colaboração com a E Fund Management, um dos maiores gestores de recursos da China, e tinha em seu lançamento a pretensão de expandir sua oferta com produtos de empréstimo pessoal e corretagem de ações no futuro.

BATX — as bigtechs chinesas

Assim como no Ocidente, a China também tem uma sigla para designar o principal grupo de *bigtechs* do país. Por lá, o agrupamento do Baidu (maior buscador do país), Alibaba (conglomerado digital que tem suas origens no *e-commerce*), Tencent (grupo dono das principais redes sociais e serviços de mensageria da China, dentre outros) e Xiaomi (fabricante de celulares, tablets e demais dispositivos) forma o BATX, gigante que, diferente de seus pares ocidentais, já tem a oferta de produtos e serviços financeiros como importante estratégia de seus negócios, em alguns casos em estágios bem maduros. O que ocorre na China é que essas *bigtechs* fazem a oferta de produtos e serviços financeiros para sua enorme base de usuários dentro de um país que tem o mesmo escopo regulatório nas diferentes regiões que o compõem — exceto Hong Kong e Macau, que são regiões administrativas especiais. Assim, diferente de uma empresa como o Facebook, que precisa conciliar aspectos regulatórios de diferentes jurisdições (tanto dentro dos EUA quanto em outras partes do mundo) de produtos como o Facebook Money Transfer, a Tencent pode ofertar a opção de transferência de recursos entre todos seus usuários que estão situados na China sem se preocupar com a necessidade de conseguir diferentes licenças para fazê-lo, pois estão dentro de um país regido por apenas um conjunto de leis. Somado a isso, temos uma parcela da população que só conhece essa forma como a mais eficiente para se transferir recursos, pois não tinha acesso a outros modos de fazê-lo anteriormente. Outro fator que acaba colocando as *bigtechs* chinesas à frente é o fato de elas processarem um grande volume de operações diariamente, o que fez com que seus sistemas ficassem cada vez mais robustos com o passar do tempo.

O ecossistema fintech chinês — fábrica de gigantes

Como vimos neste capítulo, o acelerado processo de adoção de soluções digitais e seu vasto mercado interno fizeram com que o país criasse empresas digitais gigantes que hoje navegam nos mais diferentes aspectos da vida dos chineses, principalmente no financeiro. Esse cenário, combinado com a existência de um escopo regulatório uniforme do mercado financeiro local, criou condições muito propícias para que o segmento *fintech* se desenvolvesse e diferentes *hubs fintech* consequentemente surgissem ali.

A China é única no fato de ter múltiplos polos financeiros e de inovação que agregam diferentes potencialidades e ainda complementam o ecossistema *fintech* do país como um todo.

Dentre os diferentes *hubs* destacamos, a cidade de Shenzhen (sede da Tencent), Hangzhou (onde está localizada a Alibaba), Xangai (que é o centro financeiro do país) e Pequim (na qual ficam muitas das maiores startups e fundos de *venture capital* do país).

Outros diferenciais tornam a China única no desenvolvimento *fintechs* e de startups de uma forma geral, como:

- População de mais de 1,3 bilhão de pessoas (que podem se tornar público-alvo em diversos modelos de negócio).
- Mais de 800 milhões de pessoas conectadas à internet (mais que o dobro de toda população dos EUA).
- Uma das mais altas taxas de adoção de produtos e serviços *fintech* do mundo (69% segundo relatório publicado pela consultoria EY em 2017).

- Sistema bancário tradicional não muito sofisticado.
- Regiões como Hong Kong e Macau, economicamente ligadas à China, com ampla abertura no mercado global.

Em relação ao ambiente de investimento de startups, existem algumas particularidades. Na China, todos VCs precisam ser regulados pelo governo chinês. Todos os gestores dos fundos (chineses ou internacionais com escritórios na China) são testados para que seja avaliada sua capacidade de investimento e, por esses testes serão, ou não, aprovados para colocar em prática as estratégias de investimento. Todos os fundos aprovados recebem investimentos do governo chinês para aportar nas startups.

Olhando de forma mais ampla o segmento *fintech* no país, para além do que é feito pelas *bigtechs* locais, encontramos um ambiente de ecossistema repleto de iniciativas voltadas para empréstimos pessoais digitais, gestão de recursos (*wealthtech*), pagamentos e seguros (*insurtech*). Nesse ambiente, a maioria faz emprego intenso de *big data* e inteligência artificial.

Dentro do contexto, é importante destacarmos empresas como a Lufax, que iniciou suas operações, em 2011, como plataforma de *P2P lending*, e acabou expandindo sua oferta de produtos financeiros ao se associar com gestoras de investimento e seguradoras, tornando-se uma instituição financeira digital que não deixa nada a dever para muitos bancos em termos de soluções ofertadas.

Outro importante caso é a JD Finance, divisão financeira originária de uma *spin-off* da JD, outra gigante que tem suas bases no *e-commerce* e é a principal concorrente da Alibaba, na China. A JD Finance oferece uma vasta gama de serviços (muitos em parceria com provedores de serviços financeiros tradicionais) tanto para pessoas quanto para empresas, tais como empréstimos, gestão de recursos, seguros, pagamentos, *crowdfunding*, financiamento de cadeia produtiva, crédito rural, dentre outros. Em novembro de 2018 a JD Finance passou a se chamar JD Digits, tendo como novo propósito conectar a indústria financeira e as indústrias da economia real por meio da tecnologia digital, gerando grande valor para a sociedade.

Techfin x Fintech

No ano de 2015, a JD Finance começou a se denominar uma *fintech*, aproveitando inclusive a grande popularidade que o termo vinha ganhando até então. No final de 2016, Jack Ma, fundador do grupo Alibaba, criou o termo *techfin* para definir a Ant Financial, em resposta ao posicionamento da rival. Ao explicar melhor a criação desse termo, Jack Ma disse que *techfin* se referia às empresas de tecnologia que encontraram uma maneira melhor de fornecer produtos financeiros como parte de uma oferta mais ampla de serviços, após um entendimento profundo dos dados e comportamentos de seus consumidores. Nascidas como plataformas puramente digitais e sem qualquer ligação anterior com o mundo financeiro tradicional, já que a maioria começou sem pretensões de atuar nesse segmento, essas plataformas têm também uma infraestrutura totalmente nova, são amadas por seus clientes, os quais têm extremada confiança nessas empresas, e sabem conectar muito bem ofertas financeiras e não

continua...

continuação.

financeiras, criando interações e experiências totalmente novas e não exploradas no mercado tradicional. O racional dessa tese se baseia na perspectiva de que as *fintechs* tentam reformular experiências financeiras já existentes, fazendo-as de modo a colocar o usuário no centro, usando tecnologia para aumentar as receitas e reduzir custos e fricções no processo. Segundo Jack Ma e alguns especialistas em inovação, são visões diferentes sobre *banking* e mercado financeiro. O autor Chris Skinner, especialista em inovação financeira, coloca da seguinte forma:

"As *techfins* começam com a tecnologia e se perguntam como ela pode ser usada para comércio e troca de valores. Alternativamente, empresas *fintech* começam com estruturas de negócios existentes e se perguntam como torná-las mais baratas e mais rápidas com a tecnologia. Eu comparo as empresas *fintech* como criadoras de cavalos mais rápidos, enquanto as empresas *techfin* estão construindo aviões".

Sejam essas empresas chamadas de *techfins* ou *fintechs*, o novo cenário competitivo favorecerá os provedores de serviços financeiros que consigam ter uma visão mais ampla sobre *banking* e ofertas financeiras e não financeiras que podem ser feitas a seus clientes, após um profundo entendimento das suas necessidades e expectativas, para não se tornarem, assim, provedores de serviços financeiros comoditizados. Sabemos que desse modo quem ganhará no final serão os consumidores.

?!

As *fintechs* chinesas estão começando a sair de seu país e atuar, principalmente, no sudeste asiático. Já iniciaram suas incursões por várias outras partes do mundo e no Brasil, onde certamente virão com força total nos próximos anos.

Fintechs de crédito — crescimento desordenado do setor

Dentre os subsegmentos *fintech* que tiveram maior crescimento no país, não há como deixar de citar as plataformas de crédito digital, que, desde 2007, começou e se expandiu incrivelmente, sem uma regulamentação específica por quase uma década, vendo o surgimento de mais de 3.000 empresas de *P2P lending*.

Observando um crescimento desordenado do setor e vários casos de fraudes e práticas de cobranças extorsivas de juros, promessa de retornos muito acima da média para investidores, bem como utilização de métodos violentos de cobrança, a National Internet Finance Association of China, regulador do setor no local, emitiu uma nota em 2017 exigindo que todas as instituições "não qualificadas" parassem imediatamente de emprestar dinheiro. Essa foi uma forma encontrada pelo governo local de tentar evitar que uma indústria de US$150 bilhões à época criasse um risco sistêmico para a economia do país, à medida que a situação se tornava insustentável.

Após esse movimento do regulador, muitas empresas começaram a entrar em colapso e desaparecer, levando com elas os recursos de poupança de milhares de chineses investidores dessas plataformas. Ainda que o governo chinês venha atuando para identificar e punir os responsáveis por essas fraudes, o fato é que estes acontecimentos criam um ambiente de desconfiança no segmento.

Apesar dos esforços das autoridades chinesas em impor restrições ao mercado e às novas empresas de crédito, a transparência desse setor continua sendo uma preocupação dos analistas estrangeiros.

Sinal vermelho — criptoativos e ICOs

Outro segmento que sofreu intervenção no país foi o de criptoativos, após a proliferação de corretoras e crescentes casos de fraude e abusos em Initial Coin Offerings (ICOs). Em 2017, o People's Bank of China (PBOC), autoridade reguladora central responsável pelas instituições financeiras e políticas econômicas no país, proibiu as operações de corretoras de criptoativos e baniu a realização de ICOs na China continental. Um dos argumentos usados pelo regulador é que tais operações criam espaço para um grande risco no sistema financeiro, em que emissões de criptomoedas poderiam envolver esquemas de pirâmides financeiras para enganar cidadãos com pouco conhecimento e comprometer seus recursos acumulados ao longo do tempo. Mineradores de *bitcoin* e de outras criptomoedas também estão sendo pressionados em algumas regiões do país, como em Xinjiang, onde em 2018 foi determinado que seriam eliminadas operações de mineração "ilegal" de *bitcoin*. De acordo com a definição expressa em documento expedido pela Economic and Information Commission (EIC) de Xinjiang, mineradoras ilegais de *bitcoin* referem-se a qualquer operação que não esteja registrada no governo como uma entidade comercial licenciada ou que esteja usando eletricidade sem contratos formais com empresas de serviços públicos.

Essas medidas fizeram com que muitas empresas do segmento migrassem para regiões mais favoráveis juridicamente, desacelerando (mesmo que momentaneamente) as atividades relacionadas a criptoativos no país até segunda ordem.

Uma sociedade digital — a nova Rota da Seda e os próximos passos

Há 2.200 anos, surgiam as rotas comerciais, que foram tão importantes para o crescimento e a expansão das sociedades orientais e ocidentais. Um imenso intercâmbio entre nações que não se limitou apenas a produtos e especiarias, mas que também influenciou a expansão cultural e do conhecimento desses países. Em particular, a Rota da Seda abriu a China ao mercado externo, mudando seu caminho e o crescimento da economia local para sempre.

O principal produto, a seda, deu o nome à estratégia e ajudou a economia chinesa a crescer, de modo que nenhum outro país havia visto naqueles tempos. Ouro, prata, vinho, âmbar e jade eram outros produtos levados na rota por camelos e cavalos. No entanto, a transferência de tecnologia feita pelo Oriente para o Ocidente é, sem sombra de dúvidas, uma das coisas mais importantes que a Rota da Seda conseguiu promover, já que, por meio dela, pólvora, astrolábio, compasso e muitas outras coisas foram levados da China até à Europa.

Engana-se, portanto, aqueles que veem a China como um "novo e jovem entrante" na economia mundial. A China, com sua enorme capacidade de geração de riqueza e conhecimento, sempre esteve presente e apenas renasce para o Ocidente, após o período sombrio da Revolução Comunista.

A China se prepara para renascer para o Ocidente justamente através da conhecida Rota da Seda, como é chamada a Digital Silk Road. Hoje, em vez de seda e especiarias, os chineses querem reviver a famosa rota para aumentar sua conectividade com países parceiros, através de uma iniciativa mais ampla chamada Belt and Road Initiative (BRI). A BRI prevê, além da criação de projetos de infraestrutura portuária, transportes e corredores econômicos, a construção de cabos ópticos transfronteiriços e outras redes de comunicações para melhorar a conectividade internacional — que vem sendo chamada de Rota da Seda Digital. Dentro dessa iniciativa, há também outras políticas, dedicadas à expansão digital, que propõem a melhoria das conexões de internet e comunicações, e até a criação de uma infraestrutura de cabos terrestres e marítimos entre a China e os Emirados Árabes. Essta ambiciosa proposta promete se estender por mais de 60 países e alcançar uma cobertura digital com 35 satélites, permitindo que o país deixe de depender dos Estados Unidos e aumente sua influência diplomática em fóruns regionais e internacionais relacionados a essa agenda. Mais do que oportunidades e desafios, essa nova Roda da Seda da China pode levantar questões importantes sobre o futuro da ordem digital global.

O projeto BRI foi inclusive citado por Eric Schmidt (ex-CEO do Google) em um evento fechado no ano de 2018, no qual levantou a possibilidade da internet ser "bifurcada" no futuro, dividindo-se entre a internet liderada pelos EUA e outra liderada pela China, com sua infraestrutura própria e todo controle governamental do regime político local e possível cerceamento de liberdade. Essa visão evidencia os potenciais aspectos negativos do projeto quando olhamos sob um ângulo de visão mais global.

Outra iniciativa do governo local que pode dar mais pistas de como pode ser o futuro da sociedade digital chinesa é o "Sistema de Crédito Social", que o governo planeja implementar em 2020. Sob esse sistema, o cidadão chinês teria todos seus hábitos digitais, comentários em redes sociais, adimplência de contas, dentre outros comportamentos, monitorados. Para cada comportamento, baseado em vários critérios definidos pelo governo, seria atribuída uma nota positiva ou negativa. Essa nota passaria então a definir sua "nota social" como cidadão, a qual influenciaria em diferentes aspectos de sua vida, como por exemplo: condições de empréstimos em plataformas digitais; velocidade de atendimento em hotéis e aeroportos; velocidade de sua internet; acesso a certos restaurantes; até mesmo, o acesso a pessoas em aplicativos de relacionamento; e assim por diante.

Esse "Big Brother" da vida real é, segundo alguns especialistas, uma versão "gameficada" dos métodos de vigilância do Partido Comunista — com colaboração das empresas digitais do país e uso de *big data*. É uma forma de obter obediência da população concedendo ou retirando acessos de vários aspectos da vida em sociedade — e isso de uma forma totalmente digital.

Vemos que a China conseguiu, com mão de ferro, levar o país ao *status* de segunda maior economia mundial em poucas décadas, transformando-o em um dos lugares mais digitais do mundo. O futuro de sua sociedade passa, invariavelmente, pela tecnologia e pela forma com que ela será usada para manter o controle das direções de sua nação. O país com a maior indústria *fintech* do mundo está, mais do que nunca, pronto para expandir suas atividades fora de seus domínios tradicionais. Hoje, o mundo já é influenciado pela China e essa influência poderá ser ainda mais forte no futuro. Observaremos atentos seus movimentos nos próximos anos e, principalmente, como seremos afetados por sua forma peculiar de fazer negócios e transformar indústrias.

Capítulo 7

FINTECHS NO BRASIL

O potencial fintech brasileiro

O Brasil, pelas características que vem apresentando ao longo do desenvolvimento de sua história digital, tem reunido condições favoráveis para o surgimento de empresas de tecnologia e das *fintechs* — grande mercado consumidor, sistema bancário centralizado e nas mãos de poucos *players*, alta penetração na internet e grande número de usuários de aparelhos móveis (celulares). Com esse cenário, as *fintechs* começaram a surgir em vários segmentos, sinalizando o amadurecimento do mercado brasileiro e sua abertura cada vez maior às inovações. Para se ter uma ideia de como os brasileiros são abertos a produtos *fintech*, 40% da população digitalmente ativa já utilizou algum tipo de serviço financeiro digital (segundo estudo publicado pela consultoria EY em 2017), percentual que ficava atrás apenas de países como a China, Índia e Reino Unido.

Considerando o contexto latino-americano, o Brasil tem uma posição de destaque. É, até então, o país com maior número de *fintechs* da região, à frente do México — segundo lugar nesse quesito. Essa vantagem é, atualmente, ainda justificável pelo maior tamanho do mercado interno brasileiro e pela evolução constante do ecossistema local. Contudo, a comparação numérica de *fintechs* não coloca imediatamente o Brasil em posição melhor que o México. Nosso rival latino-americano deu um passo importante no campo regulatório, em março de 2018, quando aprovou uma Lei Fintech que endereça, de uma só vez, diferentes subsegmentos e assuntos importantes para desenvolver o movimento no país — de *equity crowdfunding* à abertura de APIs em seu sistema financeiro. Esse marco regulatório deve, sem dúvidas, acirrar a disputa entre os dois países, à medida que o Brasil também vai, pouco a pouco, regulamentando diferentes subsegmentos *fintech* e abrindo mais o mercado financeiro local.

Há por aqui um grande potencial, que tem atraído desde empreendedores estrangeiros (o caso de alguns dos fundadores das principais *fintechs* que aqui nasceram, como Nubank, Creditas e Guiabolso), profissionais vindos do mercado financeiro tradicional dispostos a reinventar a indústria, a empreendedores inconformados com a forma como os serviços e produtos financeiros são ofertados. A seguir, contaremos um pouco sobre como essa recente transformação vem ocorrendo por aqui.

Breve história fintech brasileira

Precursores e a evolução do subsegmento de pagamentos

Para entender melhor como as *fintechs* foram, aos poucos, ganhando espaço e se estabelecendo no país, vale tentarmos remontar o princípio de suas atividades, tal qual foi definido ao longo dos capítulos anteriores, aqui no Brasil. Algumas dessas *fintechs*, que foram as primeiras a se estabelecerem em subsegmentos específicos, acabaram por mostrar para as instituições tradicionais e para os consumidores que uma nova era no mercado financeiro brasileiro estava surgindo e que esse movimento é irrefreável.

Alguns dos ancestrais do movimento *fintech* nacional surgiram próximos dos anos 2000, uma época em que a cena digital brasileira dava os primeiros passos e os empreendedores locais começavam a dinamizar o mercado financeiro atual por meio de eficiência tecnológica e de ofertas diferenciadas de serviços. Um desses casos aconteceu quando, em 1998, o empreendedor Sérgio Kulikovsky fundou a NetTrade, uma das primeiras corretoras de valores online do país, que teve como diferencial uma conta gratuita que funcionava como simulador da bolsa de valores (operando com dinheiro virtual), seu objetivo era educar novos usuários e convertê-los em operadores. Esse modelo chamou atenção do portal argentino de finanças Patagon, com quem a Nettrade acabou se fundindo pouco tempo depois, sendo finalmente adquirido em 2000 pelo Grupo Santander por US$585 milhões. Esse ficou conhecido como um dos grandes casos de sucesso da internet na América Latina, contudo, dois anos depois, o projeto naufragou e o Santander acabou vendendo a Patagon America por US$9,8 milhões.

Considerando essa mesma década, ainda no segmento de investimentos, vale destacar o caso da Ágora Corretora, fundada em 1993, que lançou em 2000 uma ferramenta para realização de operações na bolsa de valores, através da internet (também conhecida no mercado como *home broker*), que se chamava Vip Trade. Ao longo dos anos, a operação de *home broker* cresceu e se tornou, em 2008, o carro-chefe da Ágora, elevando-a à condição de 2ª maior corretora de valores do país. Nesse mesmo ano, a instituição foi adquirida pelo Grupo Bradesco por R$830 milhões, transformando-se também em um emblemático caso da época na qual víamos as primeiras instituições independentes fazerem entregas diferenciadas de produtos e serviços por meio de tecnologia.

Passado esse primeiro momento, um dos primeiros setores que foram explorados pelas *fintechs,* muito antes desse termo ter se popularizado por aqui, foi o de pagamentos. Nele, vimos empresas como a Getnet começar a desafiar o segmento de adquirência de cartões de crédito no país, em um período em que tínhamos um duopólio no setor, no qual Visanet e Redecard (redes da Visa e Mastercard, respectivamente à época) dominavam. A Getnet popularizou a recarga de celular via maquininhas de cartão de crédito (POS) no Brasil e cresceu ao processar cartões de bandeiras alternativas e regionais. Em 2010, quando o mercado de adquirência se abriu, a Getnet despontou como uma alternativa real às soluções já existentes e foi uma das primeiras empresas a ofertar para os lojistas máquinas de POS que processavam diferentes bandeiras — ao oposto da necessidade de eles terem mais de um aparelho para fazê-lo. Em 2014, a empresa foi adquirida pelo grupo Santander, fazendo com que o fundador da companhia, José Renato Hopf, e demais sócios levassem R$1,104 bilhão nessa operação.

Adquirentes de cartão de crédito

As adquirentes são conhecidas também como redes autorizadoras, ou operadoras, e são empresas responsáveis pela comunicação das transações entre a bandeira e o estabelecimento comercial. Para que isso ocorra, elas habilitam estabelecimentos, por vezes alugando ou vendendo a maquininha de cartão (conhecida como POS), recebendo uma taxa administrativa por vendas realizadas via cartão nessa maquininha.

No ano de 2010, o Banco Central abriu o mercado de adquirência para novas empresas no Brasil, no qual operavam apenas as redes Cielo (antiga Visanet) e Rede (antiga Redecard), permitindo a entrada de concorrentes. Antes da abertura, cada adquirente processava apenas bandeiras específicas sob modelo de exclusividade, o que muitas vezes obrigava o lojista a ter mais de uma maquininha de cartão (POS) para processar as diferentes bandeiras de seus clientes.

?!

Com o desenvolvimento da internet no país, os empreendedores locais voltaram seus olhares para soluções de pagamento com foco no mundo digital. Endereçando esse mercado, tivemos no ano de 2005 a criação da Braspag, empresa liderada pelo empreendedor André Street, que se propunha a fazer a integração dos meios de pagamento das lojas virtuais, atuando como uma processadora de pagamentos. Como uma das pioneiras nessa área e com crescimento agressivo, a Braspag se destacou no setor e acabou sendo adquirida, em 2009, pelo grupo Sílvio Santos, que a vendeu posteriormente para a Cielo, em 2011. A partir da criação dessa empresa, presenciamos a entrada mais intensa de outros desbravadores desse importante subsegmento *fintech* no país.

No começo de 2006, outra importante *fintech* do setor de pagamentos nacional emergia — a PagSeguro. Criada inicialmente com o nome BRPay, pelo empreendedor Sérgio Costa Faria, a empresa tinha como pretensão ser um PayPal brasileiro e acabou se tornando também uma das primeiras empresas de pagamentos online do país (conhecida como intermediário de pagamento). Em apenas um ano de operação, a BRPay chamou a atenção do UOL (portal de internet do Grupo Folha), que comprou a empresa no começo de 2007. No meio desse mesmo ano, o serviço era relançado, agora com o nome PagSeguro. Os investimentos e a musculatura do grupo de mídia foram cruciais para a expansão da PagSeguro, que explorou o mercado digital municiando os pequenos empreendedores que, à época, ainda sofriam com a desconfiança dos internautas que tinham medo de realizar suas compras sem conhecer quem estava do outro lado do balcão. Para dar mais segurança para os compradores, o serviço oferecia um período de até 14 dias para bloquear o pagamento de algum bem comprado na internet via contestação (através de uma disputa que tinha a PagSeguro como mediadora), após esse período os valores da transação eram creditados na conta do vendedor. Depois de se tornar líder nesse mercado no Brasil, a PagSeguro partiu em uma ofensiva para o mercado presencial, em 2013, com um produto chamado Mini (um leitor de cartões acoplado ao celular, inicialmente, através da entrada de fone de ouvido) e, em 2014, lançou a sua própria maquininha de cartão, a Moderninha. Um dos grandes diferenciais desses produtos era que eles não cobravam aluguel, sendo que os aparelhos eram vendidos diretamente aos comerciantes. Essa estratégia incomodou bastante as empresas já estabelecidas no mercado e fez com que a PagSeguro entrasse na briga dentro de um setor que há muito tempo foi dominado por gigantes. Para ter mais condições de se firmar nessa guerra, a PagSeguro realizou, no começo de 2018, seu IPO na New York Stock Exchange (bolsa de Nova York — NYSE), levantando aproximadamente US$2,3 bilhões.

Hoje, o cenário de empresas de pagamento online se tornou bastante competitivo, surgindo diversos concorrentes à PagSeguro, tais como Mercado Pago, iugu, Wirecard (empresa alemã que adquiriu a *fintech* Moip no Brasil), dentre outros mais direcionados para nichos e necessidades específicas. O mesmo acontece no mercado presencial, em que uma nova leva de empresas surgiu para competir com as soluções tradicionais e com a Moderninha, tais como SumUp, Mercado Pago, iZettle e Directpay.

O setor está amadurecendo bastante e apresenta casos também como o da Stone, nascida em 2012, sob a liderança de André Street (o mesmo que havia vendido a Braspag anos atrás) como uma adquirente independente focada na melhoria da experiência de consumo e da produtividade de seus clientes lojistas, cujo crescimento acelerado em um curto período de tempo culminou em seu IPO no ano de 2018 na Nasdaq, em que foram levantados US$1,5 bilhão.

No ano de 2013, o Conselho Monetário Nacional (CMN) e o Banco Central criaram um marco regulatório para operações com dinheiro eletrônico, cartões de crédito e pagamentos eletrônicos, definindo regras para supervisão, autorização e funcionamento de arranjos e instituições de pagamento. Com essa regra, algumas instituições operantes no setor (que possuíam um determinado porte e forma de atuação) passaram a ser regidas por um conjunto de regras específicas, o que permitiu uma visão mais clara dos direitos e obrigações das diferentes categorias de empresas que atuam no setor, melhorando inclusive a fiscalização do segmento.

No começo de 2017, algumas empresas atuantes no subsegmento de pagamentos se juntaram para fundar a Associação Brasileira de Instituições de Pagamentos (ABIPAG). O objetivo dessa entidade é ser atuante nas discussões sobre meios de pagamento eletrônicos, trabalhando junto aos órgãos reguladores do setor.

Outra novidade esperada no setor de pagamentos é a implementação de um sistema de pagamentos instantâneo interbancário pelo Banco Central. A ideia é que esse sistema seja mais avançado que a TED (Transferência Eletrônica Disponível), funcionando 7 dias por semana, 24 horas por dia. É esperado que as operações levem, no máximo, 10 segundos para acontecer e que o processo seja tão fácil quanto buscar contatos em um celular. Esse sistema pode ajudar a dinamizar ainda mais o setor no país, parecido com o que ocorreu na Índia com a implantação do UPI (conforme citado no *Capítulo* 5).

Atualmente, o subsegmento de pagamentos é o que mais possui *fintechs*, tendo se expandido como nenhum outro à medida que o regulador tem aberto o mercado e as novas tecnologias vêm sendo utilizadas para aprimorar a experiência do consumidor e a eficiência das operações. Certamente, ainda temos muitos avanços para presenciar nessa área nos próximos anos.

Empréstimos digitais — o começo da atividade no Brasil

A atividade de empréstimos digitais (também conhecida como empréstimos *P2P*) surgiu pela primeira vez em Londres, no ano de 2005, com a criação da Zopa. Rapidamente, o modelo chegou aos EUA em

2006, com a fundação da Prosper, e se espalhou pelo mundo com a proposta de desintermediação bancária no imenso setor de crédito.

No Brasil, a empresa **Fairplace** foi uma das primeiras tentativas de revolucionar o mercado de empréstimos por aqui. O empreendedor Eldes Mattiuzzo lançou a empresa em abril de 2010 (após analisar essa tendência na Europa e nos EUA) e tinha como premissa ser um "lugar justo", em que partes interessadas em emprestar e tomar empréstimos poderiam se encontrar. A Fairplace possibilitava a conexão de pessoas que precisavam de recursos com pessoas que gostariam de financiá-las, por meio de um leilão de taxas. O tipo de operação chamou atenção de financeiras tradicionais e órgãos reguladores, pois a legislação vigente exigia que empréstimos fossem intermediados por instituições financeiras devidamente autorizadas. Em novembro do mesmo ano, a Polícia Federal instaurou um inquérito com o intuito de apurar se a empresa estava agindo como instituição financeira, mesmo não tendo autorização. Essa investigação aconteceu a pedido do Ministério Público Federal, que foi acionado pela CVM e pelo Banco Central no mês de agosto. Em dezembro, a empresa teve suas atividades suspensas, entrando em acordo com o Ministério Público e incorrendo em pagamento de multa de R$250 mil nos anos seguintes — o teto da multa para casos como esse.

O caso Fairplace foi um dos mais emblemáticos da história *fintech* brasileira e, após seu fechamento, houve um período de silêncio de pelo menos três anos até que o tema voltasse à pauta de empreendedores brasileiros, que iniciariam a criação de novas *fintechs* voltadas para o mercado de crédito. Esse caso foi, inclusive, ostensivamente estudado pelos empreendedores que vieram depois nesse segmento, tanto no Brasil quanto na América Latina.

A solução encontrada pelas empresas que se estabeleceram no país pós-advento Fairplace foi utilizar uma instituição financeira autorizada como interface junto ao regulador, trabalhando como correspondentes bancários dessas. Desse modo, surgiu a primeira leva de empresas de empréstimos *P2P*, como:

Simplic: fundada no Brasil, em 2014, a Simplic faz parte do grupo norte-americano Enova e começou atuando por aqui como correspondente bancária na Sorocred, financeira situada em Sorocaba, interior de São Paulo. O foco de atuação é o público pessoa física.

Geru: lançada no começo de 2015, pelo empreendedor Sandro Reiss, que trabalhou na estruturação da empresa desde 2013, a Geru começou inicialmente atuando como correspondente bancária do Andbank, instituição europeia com foco em pessoas físicas, em especial, profissionais liberais como médicos, dentistas etc.

Lendico Brasil: a Lendico começou a operar no país em junho de 2015 e é parte do grupo alemão Rocket Internet, desenvolvedor global de novos negócios digitais — também conhecido como *venture builder*. O negócio já havia sido criado na Europa em 2013 e foi adaptado à regulamentação local, trabalhando inicialmente como correspondente bancário do Banco BMG. O foco da operação brasileira é no empréstimo pessoal.

Biva: fundada pelos empreendedores Jorge Vargas Neto, Paulo David e Eduardo Teixeira, a Biva foi lançada em abril de 2015, sendo uma das primeiras a focar em empréstimos para pequenos empresários. O nome da empresa significa "Bancando Ideias, Valores e Ações" e começou operando como correspondente da Socinal Financeira.

Nexoos: fundada em 2015 pelos empreendedores Daniel Gomes, Murilo Bássora e Nicolas Arellaga, a Nexoos resolveu focar no mercado de PMEs e começou sua atuação no Paraguai para testar o modelo de negócios, antes de iniciarem a operação de fato no Brasil como correspondentes da Socinal Financeira. A empresa fez parte das primeiras turmas da aceleradora de startups Oxigênio, do grupo Porto Seguro.

Correspondente bancário

O BACEN define correspondente bancário como "empresa contratada por instituições financeiras e demais instituições autorizadas pelo Banco Central para a prestação de serviços de atendimento aos clientes e usuários dessas instituições".

Em outras palavras, é uma empresa não bancária (pessoa jurídica) responsável por mediar instituições financeiras e clientes. Essas empresas realizam operações de crédito e outros serviços, em nome de um banco, e podem estar conveniadas a mais de uma companhia.

Fonte: https://www.creditas.com.br/revista/correspondente-bancario/

?!

Outras empresas surgiram no período, mas com modelos de negócio diferentes que não requeriam uma autorização específica do regulador para atuar nem a necessidade de serem correspondentes bancárias de outras instituições licenciadas. Essas empresas muitas vezes começaram como vendedoras de *leads* (potenciais clientes de um determinado produto) para outras instituições financeiras, ou seja, faziam o trabalho de conectar o empreendedor a outros provedores de médio porte no sistema financeiro, sendo, em muitos casos, remunerada com comissão por negócios fechados. Outro modelo que foi explorado nesse período foi o de antecipação de recebíveis, em que algumas *fintechs* desenvolveram plataformas e passaram a atuar também em parceria com outras instituições financeiras que forneciam crédito. Entre alguns exemplos de *fintechs* que operavam dessa forma estão:

Creditas (anteriormente chamada BankFacil): criada pelo empreendedor espanhol Sergio Furio, em 2012, a empresa inicialmente focava em facilitar a vida de pessoas na busca por crédito com garantia de imóveis e, em um segundo momento, também veículos. Sérgio morava em Nova York quando descobriu que o Brasil tinha um dos maiores *spreads* bancários (diferença entre a taxa que o banco capta no mercado e o quanto ele cobra nos empréstimos) do mundo. Por aqui, percebeu que os empréstimos com garantia de imóveis (também conhecidos como *home equity*), que possuem taxa menor por terem garantias, eram muito difíceis de serem contratados nos bancos tradicionais, que tinham um processo bastante demorado e complexo para ser viabilizado. A empresa começou vendendo *leads* qualificados para outras instituições financeiras e, só em seguida, originava suas próprias operações constituindo um fundo dedicado para tal. Após a regulamentação do setor de crédito digital, a Creditas foi uma das primeiras empresas a obter licença com uma Sociedade de Crédito Direto (SCD). Inicialmente, teve como parceiros vários bancos e algumas companhias hipotecárias, com as quais operou como correspondente bancário.

Intoo: fundada por Arthur Farache e Bruno Maggi, no início de 2013, com o propósito de viabilizar o acesso ao crédito para pequenas e médias empresas, trabalhava com uma série de instituições financeiras como uma ferramenta de inteligência de negócios, prospecção e mercado, encontrando o perfil ideal de clientes para eles. Por outro lado, ajudava empresas a encontrar melhores alternativas de capital de giro e antecipação de recebíveis, indicando-os para instituições adequadas com base na análise de seu perfil. A empresa foi inicialmente acelerada pela Wayra (aceleradora do grupo Telefônica), porém acabou encerrando suas as operações em 2016.

Bom pra Crédito: a empresa começou a operar no começo de 2014 e foi fundada pelos empreendedores Ricardo Kalichsztein, Felipe Lemos e Daniel Polistchuck. A Bom pra Crédito conecta pessoas físicas interessadas em tomar crédito com provedores compatíveis com seu perfil — bancos, financeiras e outras *fintechs*.

EasyCrédito: liderada pelo empreendedor Marcos Ramos e lançada em 2015, a EasyCrédito é uma plataforma de crédito digital que conecta pessoas que dispõem de pouco acesso a serviços financeiros de empresas que oferecem empréstimos, financiamentos e cartões. A empresa criou uma experiência de contratação de crédito online com foco no consumidor, aumentando as chances de ele conseguir ter seu crédito aprovado. A EasyCrédito fez parte do programa de residência do Google no Campus São Paulo e do programa de inovação InovaBRA, do Bradesco.

Finpass — anteriormente chamada F(x): *fintech* criada em 2015 por Dan Cohen com foco no mercado corporativo (médias e grandes empresas), conta com uma plataforma online que tem em sua base diferentes provedores de crédito (bancos médios, fundos, financeiras etc) e empresas tomadoras de recursos. Através de tecnologia de *matching* e inteligência artificial, os algoritmos da Finpass não somente identificam as melhores combinações entre a necessidades de financiamento das empresas e os financiadores cadastrados, como também fazem sugestões para que as empresas aumentem suas chances de sucesso em uma captação.

No final de 2016, algumas das principais *fintechs* do segmento de crédito do país se uniram para criar a Associação Brasileira de Crédito Digital (ABCD), com o objetivo de aprimorar o diálogo com todo o ecossistema financeiro e impulsionar o setor, aumentando sua eficiência por meio da adoção de novas tecnologias e da difusão de provedores alternativos de crédito no sistema financeiro.

No final de agosto de 2017, o BACEN abriu consulta pública sobre as *fintechs* de crédito, que evoluiu para o marco regulatório, lançado em abril de 2018, em que foi estabelecida a criação de duas novas instituições financeiras, a Sociedade de Empréstimo entre Pessoas (SEP) e a Sociedade de Crédito Direto (SCD). A principal diferença entre as duas instituições é que a SEP opera basicamente intermediando empréstimos e financiamento de forma digital entre pessoas (sem utilização de recursos próprios), enquanto a SCD utiliza recursos próprios para conceder crédito a seus clientes (sejam empresas ou indivíduos) de forma digital. As *fintech* que já operavam com crédito digital, e novos entrantes, poderiam agora entrar com pedido no BACEN para as novas modalidades ou continuar operando no antigo formato de correspondente bancário. Essa decisão depende da análise de viabilidade da operação da *fintech* nos diferentes formatos, visto que existem custos regulatórios (relacionado à produção de relatórios, ampliação de equipe de *backoffice* — departamentos que não têm contato com o cliente e garantem a operacionalidade do negócio — e interação junto ao BACEN) que podem onerar o funcionamento dentro das novas modalidades.

Outro movimento importante aconteceu no final de 2018, quando, através de um decreto presidencial, foi estipulado que as duas novas instituições poderiam ter até 100% de participação estrangeira em seu capital social. O decreto aconteceu tendo como base o entendimento de que essa medida seria de interesse do governo, pois estimula a concorrência e promove o processo de inovação.

Visto o tamanho desse segmento e os recentes movimentos regulatórios, espera-se que as *fintechs* de crédito se expandam cada vez mais, ampliando as alternativas de empréstimos para pessoas físicas e jurídicas em nosso país.

Crowdfunding e equity crowdfunding — a democratização do acesso a recursos no Brasil

Dentro da história *fintech* no Brasil, é importante destacarmos também os primeiros passos da indústria de *crowfunding* e, posteriormente, do *equity crowdfunding*, que têm promovido uma verdadeira democratização na forma como projetos e empresas são financiadas no país.

O *crowdfunding*, também conhecido como financiamento coletivo, teve seus primeiros passos nos EUA com o lançamento do ArtistShare em 2003, uma plataforma para financiar o lançamento de projetos de músicos, em que os fãs poderiam fazer doações e receber recompensas de acordo com o montante doado — que iam desde álbuns autografados até ter o nome listado como produtor executivo de uma obra. Plataformas como o Indiegogo e Kickstarter, fundadas respectivamente em 2008 e 2009, são algumas das mais famosas mundialmente, responsáveis pelo financiamento desde softwares até pesquisas científicas e mais incontáveis itens. Existe, claro, o risco inerente de falha, e uma parte dos projetos acaba não conseguindo levantar o recurso necessário e são encerradas (campanhas chamadas "tudo ou nada", em que os recursos são devolvidos para os financiadores), ou mesmo casos nos quais os projetos podem conseguir os recursos, mas não serem concluídos, cenário no qual os financiadores podem simplesmente ficar sem a recompensa prometida. Via de regra, a plataforma é remunerada com um percentual em cima do valor captado pelo projeto.

Aqui no Brasil, o modelo apareceu em 2011, tendo a plataforma Catarse como pioneira. Em seguida, outras dezenas de plataformas surgiram, sendo que várias ficaram pelo caminho. As principais hoje, além da Catarse, são: Benfeitoria, criada em 2011, e Kickante, fundada em 2013. Essa modalidade se tornou muito importante por aqui em função de seu grande potencial de levantar financiamento independente, em especial para setores que têm dificuldades de acesso a recursos, como música, artes e obras sociais.

Existe, contudo, outra modalidade chamada *equity crowdfunding*, através da qual empresas levantam recursos por meio de plataformas online por meio da oferta de participação societária (*equity*) a investidores. Essa modalidade já havia aparecido nos EUA e Europa, por volta de 2011, e, aqui no Brasil, uma *fintech* chamada Broota (atualmente rebatizada de Kria), liderada pelo empreendedor Frederico Rizzo foi a primeira a inaugurar o mercado em 2014. Depois dela, vieram, em 2015, a StartMeUp Crowdfunding, a URBE.ME (*crowdfunding* imobiliário) e a EqSeed.

Como há títulos representativos de empresas envolvidos, operações desse tipo precisam ser comunicada à Comissão de Valores Mobiliários (CVM). A princípio, como não havia uma regulamentação específica, as *fintechs* que operavam nesse mercado faziam as ofertas de acordo com a instrução normativa 400 da CVM, que permitia a empresas pequenas e de médio porte captarem com dispensa de registro (ainda sim, notificando o regulador) até o limite de R$2,4 milhões. Naquele modelo, ainda havia algumas inseguranças jurídicas na atividade em função da centralização do processo e da organização dele pelas plataformas. Havia também dificuldades e limitações pelo fato de as micro e pequenas empresas só poderem ser

Sociedades Limitadas (Ltdas.), o que as impossibilitava de ofertar as cotas da empresa de fato, como é feito com as Sociedades em Conta de Participação (SCPs) ou as Sociedades Anônimas (S/As). Assim, o instrumento utilizado nesses casos deveria ser títulos de dívida conversíveis — que possuem a possibilidade de se transformarem em participação na empresa futuramente.

Após a primeira captação efetiva da, então chamada, plataforma Broota, foi lançada ainda em 2014, por empreendedores do setor, a Equity — Associação Brasileira de *equity crowdfunding* (hoje designada CrowdInvest). O objetivo da associação é ser uma importante voz organizada no setor, realizando a interface junto aos reguladores e propagando o conceito do *crowdfunding* de investimento. Em 2016, a Equity coordenou, em conjunto com seus associados, o desenvolvimento de uma regulamentação própria para o setor junto à CVM, sendo essa colocada em consulta pública no final de 2016. Em meados de 2017, a CVM publicou a instrução 588, que regula o *equity crowdfunding* no país, dispensando, dentre outras coisas, o registro prévio para captação pública de recursos por meio digital, desde que observados requisitos como: a empresa ou grupo que a controle não ter receita bruta superior a R$10 milhões; realização de captações de até R$5 milhões no ano por empresa em uma ou mais plataformas; a captação pode ser concluída mesmo que um valor mínimo de investimento seja alcançado, o qual deve ser definido previamente à oferta e não poderá ser inferior a 2/3 do valor máximo; o prazo máximo da oferta deve ser inferior a 180 dias e precisará ser definido antes de seu início; e oprazo máximo para realização de uma nova oferta dever ser de 120 dias, após o encerramento de uma captação de sucesso. Além desses requisitos, foram definidas regras e restrições na utilização dos recursos captados (que não podem ser utilizados para fusões e aquisições, aquisição de títulos ou concessão de créditos a outras sociedades), regras de divulgação da oferta, dentre outros. A partir dessa normativa, a CVM passou também a supervisionar as plataformas.

Brasil — Terra dos criptoativos

O primeiro criptoativo do mundo, o *bitcoin*, surgiu no ambiente digital em 2009 pelas mãos da pessoa (ou conjunto de pessoas) que se apresentava sob o pseudônimo de Satoshi Nakamoto. O *bitcoin* introduziu o conceito de escassez no mundo digital pelo fato de não poder ser replicado e ter uma produção limitada (que acontecia através da atividade conhecida como "mineração"), algo que dá a esse ativo o potencial de valorização de suas unidades com o passar do tempo. O site Bitcoin.org, um dos primeiros do mundo a tratar sobre o tema, define-o como uma inovadora rede de pagamentos e um novo tipo de dinheiro.

De lá para cá, vários outros ativos digitais também surgiram, propondo diferentes utilizações e tendo como base a tecnologia *blockchain* (veremos mais detalhes no *Capítulo 8*), conceito que nasceu tendo como base a mecânica fundamental de funcionamento do *bitcoin*. Esses criptoativos eram guardados em carteiras digitais e podiam ser adquiridos e negociados entre pessoas, conhecida como negociação *P2P*, na base da troca de ativo digital por moeda corrente. Outra forma de adquirir os *bitcoins* era através do processo de mineração, ou seja, da participação na rede *blockchain* através do emprego de poder computacional para o processamento das operações que aconteciam dentro dela. No intuito de realizar as atividades de compra e venda de *bitcoins* (ou demais criptoativos) de forma mais fácil e dentro de um ambiente "seguro", foram criadas as corretoras de criptoativos — também conhecidas como *exchanges*. Uma das primeiras do mundo surgiram em 2010, tais como a Bitcoin Market (estabelecida nos EUA e hoje extinta) e a MtGox (estabelecida no Japão e extinta, sendo conhecida por um famoso caso de fraude em 2014, em que cerca de 850.000 *bitcoins* de clientes desapareceram). Outras *exchanges* surgiram e se espalharam pelo mundo à medida que os criptoativos se popularizavam.

No Brasil, a primeira *exchange* de *bitcoin* fundada foi a Mercado Bitcoin, em 2011, que, logo após alguns problemas administrativos, foi adquirida pelos empreendedores Rodrigo Batista e Gustavo Chamati, em 2013. Depois da Mercado Bitcoin, outras corretoras passaram a povoar o recente ecossistema brasileiro, tais como a Bitcoin to You, Basebit (hoje extinta), Bitinvest (adquirida depois pela Foxbit), CoinBR (posteriormente rebatizada como Stratum), Foxbit, FlowBTC e mais uma dezena de outras nos anos seguintes. Além das *exchanges*, nessa época surgiram negócios que visavam a uma maior adoção e utilização dos criptoativos no país.

Dentre eles, destacam-se:

PagCoin: iniciativa fundada em 2014 e liderada pelo empreendedor João Paulo Oliveira. Tinha como objetivo habilitar empresas a receberem pagamentos em *bitcoin* realizados por seus clientes. A empresa foi acelerada pela Wayra e acabou sendo posteriormente adquirida pela *fintech* brasileira de pagamentos CloudWalk.

Pague com Bitcoin: foi um dos primeiros serviços de pagamento de contas (emitidos via boleto) através de *bitcoins* no país, surgiu em 2014, fundado por Gabriel Rhama e Thiago Margarido.

Coinverse: a Coinverse ofereceu o primeiro serviço de ATM (caixa eletrônico) de *bitcoins* do país e possuía um serviço que permitia o pagamento de contas com criptoativos. Começou suas operações em 2014, sendo liderada pelo economista Safiri Félix, e foi adquirida pouco tempo depois pela, então chamada, CoinBr.

Em 2014, a Receita Federal emitiu uma nota dizendo que "embora não seja considerada uma moeda ou valor mobiliário pelas autoridades brasileiras, as moedas virtuais devem ser declaradas no imposto de renda e estão sujeitas a tributação". Durante esse período, tanto o Banco Central quanto a CVM se posicionaram com o entendimento de que os criptoativos não são de sua competência, o que inclui também as corretoras que intermedeiam tais ativos.

Além das *exchanges* e projetos focados na popularização dos criptoativos, surgiram no país empresas focadas no desenvolvimento de iniciativas baseadas na utilização da tecnologia *blockchain*. Dentre as pioneiras, destaca-se a OriginalMY, empresa fundada em 2015 pelos empreendedores Edilson Osório Jr. e Miriam Oshiro, que tem como proposta prestar serviços de identidade, certificação de contratos, registro de autenticidade e certificação de documentos por meio da utilização dessa tecnologia.

Após um período de repentina alta dos criptoativos observada no final de 2017, o Brasil atingiu (naquele momento) a incrível marca de 1,4 milhão de cadastros em *exchanges* nacionais, mais do que o dobro das 619 mil pessoas físicas cadastradas na B3 (nossa bolsa de valores) e os 558 mil investidores de títulos públicos à época. Esse grande mercado potencial tem chamado atenção de corretoras de outros países, que têm, gradativamente, montado operações no Brasil.

Os gerenciadores financeiros para empresas e pessoas

A expansão das *fintechs* no país acabou gerando vários casos de sucesso que emergiram dos mais diferentes subsegmentos. Dentre os subsegmentos mais bem-sucedidos e representativos, não podemos deixar de falar dos gerenciadores financeiros empresariais, entre os quais temos os casos dos pioneiros ContaAzul, Nibo e ZeroPaper — posteriormente adquirido pela norte-americana Intuit e integrado à linha de produtos QuickBooks da empresa. Essas empresas trouxeram para o mercado formas simplificadas de gestão para empresas de pequeno e médio porte (um setor que emprega mais da metade dos trabalhadores do país), ajudando a organizar a vida financeira dessas companhias por meio de um modelo de negócios de *software* como serviço, também conhecido como SaaS, focado em recorrência através do pagamento de assinatura.

Lançado no ano de 2011, em Joinville, Santa Catarina, sob a liderança do empreendedor Vinicius Roveda, o ContaAzul foi um dos primeiros gerenciadores financeiros, para pequenas e médias empresas, a simplificar a vida dos empreendedores de forma acessível, simples e barata, com diferentes planos mensais para atender desde autônomos até empresas de médio porte. A solução dessa *fintech* permitia que seus usuários operacionalizassem diferentes aspectos da vida financeira da empresa, tais como emitir boletos e notas fiscais, tirar relatórios e fazer controle financeiro. Logo no início das operações, a companhia entrou no programa de aceleração das 500 startups no Vale do Silício, o que acabou ajudando a abrir as portas para a entrada de outros investidores na empresa, como o fundo de *venture capital* nacional Monashees e os estrangeiros Ribbit Capital, Valar Ventures e Tiger Global Management.

Outra importante *fintech* desse segmento é a ZeroPaper, que começou suas operações em 2012 e era liderada pelo empresário André Macedo. Veio com a proposta de fazer com que o empreendedor não usasse mais papéis para fazer a gestão financeira de sua empresa, daí o nome ZeroPaper. A empresa teve uma trajetória meteórica, sendo acelerada pela extinta 21212, logo no início, recebendo uma rodada de investimentos da TOTVS Ventures (braço de *corporate venture capital* da empresa de softwares corporativos TOTVS) em 2013 e sendo, por fim, vendida para a multinacional Intuit, no começo de 2015. Um ciclo completo de uma startup em três anos, o que mostra não só a competência do time por trás da empresa como também o grande potencial desse subsegmento.

No mesmo ano de fundação da ZeroPaper, foi criada a Nibo, *fintech* do subsegmento de gerenciamento financeiro empresarial, que desenvolveu uma estratégia diferente para crescer nesse setor e decidiu tornar-se uma importante aliada dos contadores. A Nibo passou a ofertar, em 2014, além da plataforma de gestão financeira para os empreendedores, uma plataforma para os contadores, integrando as duas pontas dentro do mesmo sistema, automatizando e simplificando também questões tributárias e contábeis. Essa estratégia diferenciada fez com que a startup atraísse a atenção de importantes fundos como Redpoint Eventures, Valor Capital Group e Vostok Emerging Finance. Dentre outras *fintechs* que oferecem especificamente soluções contábeis digitais, temos também a Contabilizei e a Conube, ambas fundadas em 2014.

Já no campo dos gerenciadores financeiros pessoais, também conhecidos como PFM — Personal Financial Management, o caso mais emblemático é, sem dúvidas, o Guiabolso. A *fintech* surgiu em 2012 pelas mãos dos ex-consultores da consultoria McKinsey, Benjamin Gleason e Thiago Alvarez, sendo efetivamente lançada em 2014. Trata-se de um aplicativo capaz de integrar as informações financeiras que um usuário possui em diferentes bancos e reuni-las em um único lugar, facilitando a compreensão de sua vida financeira como um todo. Além disso, o Guiabolso atribui uma nota para seu comportamento financeiro e a compara com a média dos resultados dos demais usuários da plataforma. Para realizar as integrações das contas bancárias com o aplicativo, o usuário deveria digitar a sua senha de acesso digital (por vezes, a mesma senha do *internet banking*) para permitir que o Guiabolso acessasse tais informações e as trouxesse para a tela do celular. O rápido crescimento do aplicativo mostrou que os brasileiros, de fato, possuem um grande desafio e carecem de ferramentas para gerenciar sua vida financeira, e também evidenciou o quanto uma boa parte da população (seus usuários) estava disposta a adotar novos serviços financeiros que tivessem potencial de melhorar sua vida financeira, mesmo que isso implicasse (naquele momento) imputar senhas de acesso de seus respectivos bancos para ter acesso a tal benefício, uma interessante mudança de comportamento. Do outro lado, essa mecânica utilizada pelo Guiabolso para viabilizar os seus serviços acabou trazendo reações duras de algumas instituições financeiras, levando, inclusive, a um processo judicial movido pelo Banco Bradesco, no começo de 2016. Olhando para trás, fica claro que aquela forma de atuação do Guiabolso está em linha com o conceito de *open banking*, tão difundido no mundo financeiro atual (mais informações no *Capítulo 8*), podendo ser considerado um dos primeiros ensaios desse tipo de conceito aqui no Brasil. No ano de 2016, o Guiabolso lançou seu próprio *marketplace* de crédito, chamado Just. A plataforma objetivava utilizar a inteligência adquirida pelo Guiabolso em relação à vida financeira de seus clientes para ofertar produtos de crédito com taxas mais competitivas, disponibilizadas por outras instituições financeiras e *fintechs* parceiras da plataforma. A criação do Just foi também uma tentativa de buscar um modelo mais claro de monetização, visto que o Guiabolso, que é uma plataforma gratuita, ainda o não tinha. Após rodadas de investimento por fundos de *venture capital*, como Ribbit Capital, IFC (International Finance Corporation, braço do Banco Mundial) e Vostok Emerging Finance, o Guiabolso se tornou uma das maiores e mais importantes *fintechs* do país.

Fintechs de investimento — as wealthtechs em ação

O mercado de investimentos brasileiro tem amadurecido bastante desde o começo dos anos 2000, quando algumas corretoras de valores fizeram uma forte investida buscando morder uma fatia do segmento de varejo que era quase que completamente dominado por bancos. Corretoras como a XP Investimentos emergiram levantando a bandeira da desbancarização (similar ao movimento *Wake up America*, que a corretora norte-americana Charles Schwab fez décadas atrás), com o objetivo de se apresentarem como um agente mais alinhado, por meio de interesses do investidor e com ofertas de melhores opções de investimento, diferente do que os grandes bancos ofereciam. Esse movimento fez com que uma parcela dos aplicadores brasileiros passasse a olhar de forma mais ampla para as alternativas independentes e fossem, aos poucos, sofisticando seu estilo de investimento. Ainda engatinhamos nesse aspecto quando comparado com o mercado norte-americano, por exemplo, mas os efeitos causados por esse movimento já foram suficientes para que fosse aberto espaço para novos provedores de serviço como as *wealthtechs*, as *fintechs* de investimento.

Em 2011, vimos surgir por aqui uma das *wealthtechs* pioneiras, a Órama, que se propunha a ser uma distribuidora de títulos e valores mobiliários totalmente digital, democratizando o acesso a fundos de investimento de gestores independentes, através da aplicação inicial abaixo do valor praticado usualmente pelo mercado. Os sócios fundadores à época, Selmo Nisenbaum e Guilherme Horn, faziam parte do grupo de diretores que venderam a corretora Ágora ao Bradesco e estavam em busca de criar um modelo de negócios que trouxesse inovação ao mercado de investimentos. Com o crescimento da iniciativa, em meados de 2017, o Grupo Globo adquire uma fatia minoritária da Órama, no intuito de diversificar seus negócios.

Seguindo adiante, agora no ano de 2013, foi lançada ao público, na cidade de Belo Horizonte, a SmarttBot, uma *fintech* que buscava automatizar e facilitar a vida de investidores em renda variável através da utilização de robôs investidores customizáveis. Fundada pelos empreendedores Mateus Lana, Felipe Machado, Paulo Gomide e Leonardo Conegundes, a SmarttBbot passou a trabalhar em parceria com corretoras de valores na oferta de seus robôs de investimento, que compravam e vendiam papéis de acordo com uma estratégia pronta disponibilizada na loja da empresa ou através da criação de estratégia própria pelo cliente. Uma vez adquirido, o robô era então conectado à plataforma da corretora parceira e já estava pronto para executar as ordens de acordo com sua programação. Apesar de robôs como esse não serem novidade, naquela época, sendo utilizado por alguns investidores mais sofisticados, o grande trunfo da SmarttBot foi trazer essa solução para o varejo, democratizando seu uso e permitindo que qualquer um pudesse investir em ações seguindo uma estratégia específica automatizada, com ordens executadas de forma mais rápida e sem erros humanos. A empresa foi acelerada pelo programa SEED, do governo de Minas Gerais, e foi residente da primeira turma do Google Campus em São Paulo — rebatizado posteriormente de Google for Startups.

Uma das tendências que surgiram na última década no mundo das *fintechs* de investimento foram os *robo advisors*, plataformas que possibilitam a automação e o gerenciamento de portfólios de investimento de forma digital, permitindo como que uma "consultoria financeira" viabilizada através da utilização de algoritmos e inteligência artificial, levando em conta as alternativas ideais dentro de seu perfil de risco, inclusive rebalanceando automaticamente sua carteira de investimentos. Uma das primeiras plataformas do tipo que surgiram no mundo foi a Betterment, em 2008, fundada em Nova York. No Brasil, a startup Magnetis, fundada por Luciano Tavares, foi uma das primeiras a ofertar esse tipo de serviço no primeiro semestre de 2015. No segundo semestre do mesmo ano, a Vérios, *fintech* liderada por Felipe Sotto-Maior, também entra em operação na cidade de São Paulo. No começo de 2017, a Warren, do empreendedor Tito Gusmão, é lançada ao público, tendo sua operação na cidade de Porto Alegre. O modelo de operação dessas *fintechs* acaba tendo algumas particularidades, que vão desde o *onboarding* ao valor mínimo de aplicação inicial, mas geralmente são remuneradas através da cobrança de uma taxa de administração anual.

Outro modelo de *wealthtech* que surgiu por aqui foi o de buscador de investimentos, o qual a *fintech* Yubb passou a ofertar no ano de 2016. Autointitulado como "o Buscapé do mercado de investimentos", referência ao popular comparador de preços nacional, a Yubb procura as melhores alternativas de investimento, sejam elas renda fixa, renda variável ou fundos de investimento, com base no valor e horizonte de tempo. A plataforma então mostra diferentes alternativas de seus parceiros e é comissionada por eles mediante operações fechadas. Além disso, a Yubb também tem atuação voltada para educação financeira, produzindo conteúdo escrito e em vídeo sobre diferentes produtos financeiros, assim como as instituições que os ofertam.

À medida que vemos o nascimento de novas *wealthtechs* no país e de iniciativas voltadas para educação financeira, vislumbramos um mercado com alternativas de investimento democratizadas e clientes mais capacitados a atingir seus objetivos financeiros de forma consciente.

Bancos digitais — o início de uma revolução no mercado financeiro brasileiro

O advento do *internet banking* foi um movimento de progressão natural das instituições financeiras tradicionais, explorando, a princípio, um novo e poderoso canal que se tornou cada vez mais relevante — a rede mundial de computadores —, diminuindo dia após dia a necessidade da utilização das agências bancárias. Durante anos, os principais bancos do país lançaram mão de uma estratégia expansionista em que a capilaridade física era a chave, levando a várias aquisições de outras instituições no âmbito nacional, bem como a uma intensa abertura de novas agências em diferentes pontos do país. Hoje, algumas pesquisas apontam que os clientes bancários não só não têm interesse em ir até a agências bancárias, como também desejam soluções digitais que proporcionem uma melhor experiência e ofertas que sejam transparentes e façam, de fato, sentido para eles. Esse cenário motivou o surgimento de novas instituições financeiras que fossem nativas digitais, com agências desmaterializadas e experiência do consumidor que pudessem fazer aquilo que poucos achavam possível — criar uma genuína relação de admiração entre o consumidor e uma instituição financeira.

Uma das primeiras *fintechs* desse segmento foi o Nubank, fundada em 2013 sob a liderança do empreendedor colombiano David Vélez. A ideia da empresa nasceu enquanto David estava no Brasil, alguns anos antes, como representante local do fundo de *venture capital* norte-americano Sequoia, famoso por investimentos em empresas como Apple, Google, entre outras. Por aqui, o empreendedor sofreu ao tentar abrir uma conta bancária, enfrentou com desconforto a experiência de atravessar as portas giratórias dos bancos e constatou que a maioria dos serviços financeiros ofertados pelas instituições não eram bons. Observou também que no país havia um mercado bastante concentrado, em que 90% está nas mãos de cinco grandes instituições, com as quais a maioria dos clientes se encontrava insatisfeito e pagando altas tarifas pelos serviços ofertados. Assim, David deixou sua posição no fundo de *venture capital*, para sair em busca de uma forma de transformar esse mercado, mesmo sendo desencorajado pela maioria das pessoas que lhe diziam que seria impossível criar uma solução para aquelas dores que ele havia detectado. Após o estudo de diferentes modelos, David chegou a um desenho inicial que envolveria um cartão de crédito internacional com processo de *onboarding* totalmente digital pelo smartphone, pelo qual seriam feitas algumas perguntas e solicitadas fotos dos documentos no processo. Novos usuários necessitariam de convites para adquirir o cartão e, caso fossem aprovados, receberiam também alguns convites para disponibilizar a terceiros, tendo maior foco inicial no público *millennial* e trazendo um grande diferencial — não ter cobrança de anuidade. Outros diferenciais no desenvolvimento do produto incluíam um processo de gerenciamento e categorização via aplicativo de despesas realizadas pelo cartão, notificação em tempo real das mesmas, possibilidade de bloqueio e desbloqueio do cartão também via aplicativo (sem necessidade de contato com uma central) e atendimento de equipe dedicada para resoluções de problemas — prioritariamente, via chat e visando uma experiência de excelência.

Com o plano esboçado, David foi em busca de investidores para o projeto. Um dos primeiros procurados foi o fundo Sequoia, seu antigo empregador, que se dispôs a investir US$1 milhão desde que conseguisse outro sócio local, algo que foi viabilizado com o aceite do fundo Kaszek Ventures (*venture capital* argentino criado pelos fundadores do Mercado Livre), que decidiu colocar mais US$1 milhão na operação. Com o capital semente de US$2 milhões no bolso, era hora de agregar outros sócios fundadores ao projeto. Nesse momento, entraram Cristina Junqueira (oriunda da área de cartões do Banco Itaú) e Edward Wible (especialista em tecnologia com passagens anteriores pela consultoria BCG e pelo fundo de *private equity* Francisco Partners).

A primeira versão do aplicativo do Nubank foi lançado ao público em setembro de 2014, crescendo bastante e muito rapidamente à medida que encantava seus clientes com sua oferta de serviços e seu inconfundível cartão roxo, diferenciando-se de tudo que estava sendo ofertado pelos concorrentes até então. Essa escalada levou a empresa a receber aportes de mais fundos como Tiger Global Management, QED Investors, Redpoint Ventures, Founders Fund (que tem dentre os seus sócios está Peter Thiel, cofundador do PayPal) e DST Global (que já investiu no Facebook, Twitter, entre outros, comandado pelo bilionário russo Yuri Milner). Logo veio o programa de recompensas próprio, batizado de Nubank Rewards e anunciado em 2016, no qual mediante o pagamento de um valor fixo mensal ou anual o cliente passava a acumular pontos a cada real gasto em compras (na proporção de R$1 para cada 1 ponto, que nunca expira), valor que poderia ser utilizado para abater gastos com empresas parceiras do programa, bem como resgatar voos e viagens comprados em qualquer site. Naquele mesmo ano, a empresa anunciava também a inauguração de sua nova sede, situada em um imponente prédio na região de Pinheiros, em São Paulo.

Algumas instituições estabelecidas lançaram produtos similares logo após verem o sucesso do Nubank, mas sem o mesmo brilho. O Nubank havia criado uma verdadeira base de fãs de seu produto, algo que nunca havia acontecido anteriormente de forma tão intensa no mercado financeiro brasileiro. Quando, no final de 2016, foi levantada a possibilidade de alteração nas regras do mercado de cartão de crédito, no qual o tempo de repasse dos recursos aos lojistas cairia de 30 dias para 2 (ao passo que o tempo médio para pagamento da fatura do cartão pelo cliente do cartão de crédito é de 26 dias), exigindo maior caixa dos emissores de cartão de crédito, dirigentes do Nubank se pronunciaram dizendo que o modelo de negócios da *fintech* ficaria insustentável e que poderiam encerrar suas operações. Isso foi o suficiente para que houvesse uma grande comoção na internet por parte de seus fãs, que fizeram militância em favor da empresa e contra a medida. Por fim, a mudança nas regras acabou não acontecendo, para a alegria da empresa e de seus clientes. Atualmente, o Nubank conta com linhas de crédito disponibilizadas pelo banco Goldman Sachs e o fundo Fortress Investment Group, além de ter captado algumas centenas de milhões de reais para financiar o crédito rotativo de seu cartão através de um Fundo de Direitos Creditórios (FIDC).

No final de 2017, a empresa surpreendeu ao anunciar a NuConta, uma conta de pagamento que remunera o dinheiro ali parado em 100% do CDI (que tem seu colateral em títulos públicos e, portanto, possui incidência de IOF e IR sobre seu rendimento), permitindo a transferência sem custo do montante depositado em conta para outros usuários da NuConta e também via TED para outros bancos, além de funcionalidade para pagamento de boletos bancários e contas em geral. No começo de 2018, via decreto presidencial, o Nubank recebeu autorização para fazer operações de captação de crédito sem a necessidade de parceria com outra instituição financeira, além de estar permitida a participação de até 100% de capital estrangeiro na instituição a ser constituída pela Nu Holdings — empresa mãe do Nubank sediada nas Ilhas Cayman. Tal medida passou a abrir ainda mais o leque de produtos que podem ser ofertados pela companhia, que já tem em seu horizonte planos para atuação de sua financeira em futuro próximo.

No começo de 2018, a startup acionou o Conselho Administrativo de Defesa Econômica (CADE), queixando-se de práticas anticompetitivas dos grandes bancos, que, segundo ela, estariam impedindo o cadastro da fatura no débito automático e dificultando o acesso a informações essenciais — desde identificação de remetente de recursos até contratação de banco liquidante. Outra queixa da empresa estaria no fato de que algumas instituições estariam tentando intensivamente contratar funcionários estratégicos. Diante desse fato, o Nubank lançou uma ação na qual contratou espaço de mídia *outdoor* próximo a importantes agências dos principais bancos do país com frases citando a música *Como Nossos Pais*, interpretada pela cantora Elis Regina, destacando dizeres como "Como Nossos Pais?", "É você que ama o passado", "Há perigo na esquina" e "O novo sempre vem". A campanha também foi veiculada nas redes sociais e YouTube, gerando grande repercussão.

Também em 2018, após uma rodada de investimentos liderada pelo fundo DST Global e outra liderada pela Tencent, o Nubank passou a *status* de unicórnio (especula-se que a startup estaria avaliada em aproximadamente US$4 bilhões com o último investimento recebido naquele ano), sendo o principal caso de sucesso do segmento *fintech* na América Latina.

Além de um fortalecimento de sua base de capital e de ter ficado com o tanque de combustível cheio para uma maior expansão, o investimento realizado pela Tencent, que passou a ter 5% da companhia, abriu também um amplo espaço para colaborações e troca de experiências entre a *fintech* brasileira e a gigante asiática, que, na China, opera tanto o WeChat (plataforma social mais acessada do país, que também funciona como meio de pagamento) quanto o WeBank (banco totalmente digital e acessado via smartphone).

Em julho de 2019, a *fintech* rompe a base de 12 milhões de clientes (tornando-se a sexta maior instituição financeira do país considerando essa métrica) e anuncia o aporte de U$400 milhões em uma rodada de investimentos Série F, liderada pelo fundo californiano TCV. Com essa nova rodada, o Nubank passou a valer mais de US$10 bilhões, tornando-se o maior *neobank* do ocidente. Os recursos captados servirão, dentre outras coisas, para dar fôlego adicional a sua expansão internacional, algo que já começou na América Latina, em países como Argentina e México.

Dada a velocidade com que essa jornada tem ocorrido e os parceiros que estão juntos com a *fintech*, podemos esperar intensos movimentos no futuro, cada vez mais alinhados com a visão original de David Vélez de transformar a forma como serviços financeiros são ofertados no país.

Em meados de 2015, outra startup foi lançada no país apresentando-se como solução bancária para o público *millennial*. A empresa chamava-se Controly, mais tarde rebatizada como Neon, e nasceu como uma solução de cartão pré-pago com gestão financeira integrada no aplicativo e funcionalidade de poupança baseada em objetivos — como juntar dinheiro para uma viagem, comprar um eletrônico etc.

O fundador da companhia, Pedro Conrade, teve a ideia de criar a empresa depois de ter tido uma experiência ruim com o banco em que era correntista e de ter visto modelos de *fintechs* como o Simple, lançado nos EUA. Cerca de um ano após sua fundação, a Controly realizou uma parceria operacional com a instituição mineira Banco Pottencial, na qual ambas empresas passaram a se chamar respectivamente Neon Pagamentos S.A. (sendo responsável pela interface do cliente e infra de TI da nova operação) e Banco Neon (ficando a cargo de realizar a interface com o Banco Central e operacionalizar os investimentos realizados pelos clientes).

Por meio dessa parceria, a nova operação pôde se apresentar como um banco digital de fato, agregando funcionalidades como um planejador financeiro guiado por objetivos (no qual o dinheiro aplicado ficava em CDBs com liquidez diária), transferências, saques, pagamento de boletos, dentre outros. Foi também desenhado um relacionamento com a Visa, na qual um cartão de débito que emula a função crédito para compras online (debitando diretamente do saldo disponível em conta) foi implementado, além de trabalharem o lançamento de um cartão de crédito, de fato, da empresa.

Em meio ao desenvolvimento de diferentes produtos, incluindo uma conta voltada para pessoas jurídicas que estava sendo testada junto a alguns clientes selecionados, a Neon Pagamentos recebe uma rodada de investimentos *series A* de vários fundos (como Monashees, Omidyar Network, Quona Capital, dentre outros) na ordem de R$72 milhões em 3 de maio de 2018. Um dia depois, porém, o projeto sofre um duro golpe com a realização da liquidação extrajudicial do Banco Neon (parceiro operacional que anteriormente se chamava Banco Pottencial) decretada pelo Banco Central por graves violações às normas legais. Além do site do projeto ter saído do ar no mesmo dia, constando uma mensagem do Banco Central informando sobre a liquidação, todo recurso dos clientes que estavam aplicadas na função "Objetivos" (nesse caso, aplicadas em CDBs do Banco Neon) ficaram bloqueadas e a emissão de cartões de crédito e suas funcionalidades foram suspensas, que também era de responsabilidade do banco. De pronto, a Neon Pagamentos se manifestou dizendo que estava em busca de um novo banco parceiro e que os clientes teriam acesso a suas contas, que ainda continuavam ativas, em breve. Todo esse processo aconteceu em uma sexta-feira e colocou a equipe do Neon e seus advogados em regime de plantão para buscar uma saída para aquela situação. Já na segunda-feira, o Neon anunciou que tinha uma nova instituição parceira, o Banco Votorantim. Com isso, o Banco Neon prosseguiu com o processo de regularização de pendências junto a seus clientes (incluindo trâmites junto ao Fundo Garantidor de Crédito) e retomou suas atividades após uma das mais intensas crises já ocorridas na recente história *fintech* nacional. A ação rápida dos gestores da *fintech* foi fundamental para estancar os danos à imagem do Neon e evitar que se propagasse um sentimento de desconfiança em relação ao setor como um todo. No final de 2018, a empresa trocou alguns nomes de sua diretoria e retomou seus planos de fortalecimento de seu produto voltado para pessoas jurídicas, denominado Neon Pejota.

Saindo do âmbito das startups, presenciamos a investida do Banco Original (controlado pela *holding* J&F) no mercado de varejo bancário por meio de uma plataforma digital, em 2016. Diferentemente do Nubank, que é uma startup, o Original já era uma instituição consolidada (originária da fusão do Banco JBS e o Banco Matone) que atuava no mercado de banco de atacado, principalmente no agronegócio. Após um grande investimento, estimado em cerca de R$600 milhões, para criação da plataforma digital e contratação de nomes como o atleta Usain Bolt como garoto propaganda (com anúncios veiculados em horário nobre da Rede Globo e outros veículos de mídia), o Banco Original ressurge e toma forma como uma das primeiras iniciativas de banco digital de uma instituição já licenciada pelo Banco Central, mas que, naquele momento, vinha explorar um novo mercado e concorrer com grandes bancos no varejo brasileiro.

Dispondo de escritórios junto à estrutura do Grupo J&F e de uma única agência na Avenida Faria Lima, em São Paulo, o Banco Original já começou com uma estrutura completa de produtos em seu aplicativo, ofertando desde contas correntes a vasto portfólio de investimentos e cartões de crédito com programa de *cashback* — no qual o cliente recebe créditos, conforme o uso, que podem abater faturas futuras. Cerca de um mês após o lançamento do Banco Original, o Conselho Monetário Nacional (CMN) passou a permitir que fossem abertas contas correntes e poupança de forma totalmente digital, não sendo mais necessário ir até uma agência para concluir o processo. A frente digital da instituição, que era liderada por seu diretor de inovação, Guga Stocco, chegou inclusive a ser premiada internacionalmente por sua plataforma e por iniciativas de *open banking* que foram lançadas, no final de 2016, para programadores sob o nome "Original Developers" — com abertura de APIs relativas a extrato e saldo de contas correntes e de investimentos.

No começo de 2017, em meio a investigações de corrupção, os sócios da *holding* J&F fecharam um acordo de delação premiada com o Ministério Público dentro do âmbito da operação Lava Jato, momento em que houve certa expectativa do mercado em relação à venda de ativos do grupo — o que acabou ocorrendo em alguns setores de atuação. O negócio bancário, contudo, não foi vendido e seguiu operando normalmente após todo esse processo.

Outra iniciativa digital de uma instituição financeira já licenciada foi a criação do Banco Inter, antigo Intermedium, em Minas Gerais. Após lançar um projeto de conta digital gratuita em 2014, o então chamado Banco Intermedium, da família Menin (fundadores da MRV Engenharia), mudou seu nome para Banco Inter, em meados de 2017, e passou a realizar investimentos para melhorar a experiência entregue pela plataforma — que atuava tanto com pessoas físicas quanto com pessoas jurídicas. Em abril de 2018, a instituição abre seu capital na B3, tornando-se a única instituição financeira digital com ações listadas em bolsa. Menos de um mês depois, o banco sofre uma invasão e tem os dados de seus correntistas vazados, o que acabou desencadeando um processo judicial por parte do Ministério Público do Distrito Federal e territórios contra o banco por danos morais coletivos.

Em julho de 2019, o Banco Inter realizou uma nova captação de recursos no mercado de capitais, a qual acabou tendo uma forte participação do Softbank, fundo de investimentos japonês especializado em startups, que adquire cerca de R$1 bilhão em ações da instituição. Em agosto do mesmo ano, o banco rompe a barreira de 3 milhões de clientes e, em setembro, o Softbank amplia sua participação no Inter, passando a deter cerca de 15% de suas ações. Esses movimentos certamente apontam boas perspectivas de seus investidores em relação ao futuro do Banco Inter na disputa com os demais *neobanks* do país.

De olho nesse mercado, o Bradesco lançou, em meados de 2017, no CIAB (Conferência de Tecnologia da informação para Instituições Financeiras, da Federação Brasileira de Bancos, FEBRABAN), o Next, seu banco digital voltado para o público *millennial.* A iniciativa buscava ser independente do Bradesco, porém ofertando produtos financeiros da instituição e tendo sua equipe alocada nas dependências da Cidade de Deus, sede administrativa do banco. Funcionalidades como "Vaquinha" (para dividir despesas) e "Objetivos" (para ajudar o cliente a guardar dinheiro e atingir algum objetivo financeiro) foram implementadas. O produto nasceu com pacotes de anuidade, porém posteriormente passou a ofertar também uma versão gratuita.

Dentre os grandes bancos, temos também o caso do Santander, que havia adquirido, em 2015, 50% da ContaSuper (uma *fintech* que ofertava um cartão pré-pago gerenciável via computador e aplicativo) e comprou os outros 50% da empresa, em 2016. Em 2017, rebatizou a solução para Superdigital e passou a ofertá-la como um produto de conta digital do Banco Santander.

Esse mercado vem se tornando cada vez mais acirrado ao redor do mundo, tendo no mesmo terreno competitivo tanto *fintechs* que começaram do zero, quanto iniciativas de instituições financeiras estabelecidas, que optam por criar uma marca nova mantendo a estrutura segregada na empresa mãe, fazendo uma plataforma que não esteja ligada a seus sistemas legados. Em termos de percepção do cliente, elas acabam saindo em pé de igualdade, pois iniciam uma trajetória a partir do zero, mas é inegável que a musculatura financeira do grupo (no caso das iniciativas criadas por bancos) pode facilitar o processo no começo.

Regtechs, insurtechs e além — demais subsegmentos no país

Um segmento que vem crescendo no Brasil e tem ganhado cada vez mais destaque é o de *regtech*, cujas startups têm auxiliado em questões relacionadas à *compliance* com soluções de prevenção à fraude, verificação de identidade e pontuação de crédito (*credit scoring*). Dentre elas, destacamos:

Konduto: liderada por Tom Canabarro e fundada em 2014, dispõe de um sistema antifraude inovador, desenvolvido por meio de um método de altíssima precisão para a detecção de fraudes em transações online. A empresa utiliza uma combinação de inteligência artificial, comportamento de navegação e análise de aplicativos para operacionalizar sua solução.

Dataholics: fundada em 2015, por Daniel Mendes, a Dataholics utiliza dados não estruturados (como de redes sociais, por exemplo) para gerar uma espécie de *score* de crédito social, validando informações que vão além daquelas levantadas por *bureaus* de crédito convencionais (como o SPC e a Serasa, por exemplo).

IDWall: fundada em meados de 2016, por Lincoln Ando e Raphael Melo, a empresa é focada na validação de documentos e checagem de antecedentes (*background check*), com a premissa de gerar confiança através de tecnologia.

Essa categoria de empresas se expande à medida que se tornam mais complexos os desafios de prevenção às fraudes e de atendimento de requisitos de segurança no meio digital. Acaba sendo comum, inclusive, que muitas *regtechs* acabem se tornando fornecedoras de outras *fintechs* no mercado.

No setor de seguros, também vemos interessantes casos de inovação através da atuação de *insurtechs* (contração do termo *fintech*, mas com foco em seguros) como a Minuto Seguros e a Bidu, que permitem que parte da contratação de seguros de automóveis seja feita por sites ou aplicativos — a conclusão da venda, porém, só acontece depois da ligação de um corretor. Do outro lado, há exemplos de empresas como a Youse, que tem como sócia a Caixa Econômica Federal e que faz a oferta de seguros através de site ou aplicativo com a conclusão do processo ocorrendo diretamente — contando, inclusive, com diferentes formatos de cobertura customizáveis.

Dentro do vasto universo de *fintechs* no país, temos ainda subsegmentos que abrigam hoje uma pequena quantidade de empresas e que têm um grande potencial a ser explorado no futuro. Segmentos como o de câmbio e remessas internacionais, por exemplo, contam hoje com iniciativas como:

Meu Câmbio: liderada por Mathias Fisher e lançada em 2014, a *fintech* realiza buscas em casas de câmbio parceiras e te mostra as alternativas com valores mais competitivos.

Exchange Câmbio e Comex: nascida em 2015 pelas mãos do empreendedor Marcos Almeida, que também realiza tanto remessas quanto compra e venda de moeda estrangeira.

BeeTech: fundada em 2016 pelo executivo Fernando Pavani, que oferta soluções de correspondente cambial, via produto BeeCâmbio, e de transferências internacionais, com o produto Remessa Online.

À medida que a tecnologia *blockchain* vai sendo aplicada para reduzir custos e aumentar a velocidade de operações como essas, bem como iniciativas de *open banking* vão permitindo uma melhor integração entre soluções e diferentes plataformas de forma automatizada, mais veremos o surgimento de novas *fintechs* voltadas para esse segmento.

Outro segmento que tem apresentado um grande potencial é o de negociação de dívidas e recuperação de crédito, que algumas *fintechs* utilizaram para alterar a antiga dinâmica da cobrança realizada quase que exclusivamente via *call center* e de forma constrangedora e arcaica. A QueroQuitar, Blu365, anteriormente chamada Kitado, e a Acordo Certo são exemplos de *fintechs* que conseguiram aumentar a taxa de efetividade das negociações através de um modelo digital que realiza a recuperação do crédito por meio de diferentes canais, desgastando ao mínimo a relação com o cliente.

As iniciativas de fomento do ecossistema e associações do setor

No Brasil, os anos de 2015 e 2016 marcaram uma onda de crescimento acelerado do ecossistema *fintech*, com o surgimento de mapeamentos, encontros regulares (*meetups*) e conferências do setor, que evidenciaram as iniciativas locais e acabaram por inspirar uma leva de novos empreendedores. Um dos primeiros eventos do setor ocorridos no Brasil foi o Fintech Talks, em 2015, *meetup* à época organizado em colaboração com a entidade global Next Money (anteriormente chamada de Next Bank), que tinha sede em Singapura e possuía capítulos espalhados e diferentes locais pelo mundo, com o objetivo de fomentar e fortalecer a cena *fintech* local. Ainda no mesmo ano, houve a realização do São Paulo Fintech Summit (que nos anos seguintes viria a ser chamado de Next Money SP), dentro da primeira edição da São Paulo Tech Week — semana de inovação e tecnologia da cidade da São Paulo. Portais como Finnovation e FintechLab surgiram naquele ano, bem como o mapeamento Radar FintechLab. Em 2016, novos eventos como o Fintech View apareceram, além do lançamento do portal Conexão Fintech. Também em 2016, vimos o surgimento de iniciativas associativas no setor, visando maior representatividade para articulação junto aos órgãos reguladores locais, tais como:

Associação Brasileira de Crédito Digital (ABCD)

No primeiro semestre de 2016, as *fintechs* de crédito Biva, Geru, Lendico, BankFacil, Simplic, Trigg e Just se uniram para fortalecer o novo setor de crédito digital. Formaram a ABCD para trazer maior eficiência e fomentar boas práticas dentro do setor. A ABCD foi lançada oficialmente em novembro de 2016 e está em contato direto com o Banco Central para definição de boas práticas, com o objetivo de deixar o consumidor mais confiante quanto ao uso das soluções digitais.

Associação Brasileira de Fintechs (ABFintechs)

A associação nasceu com três pilares fundamentais: gerar negócios para os associados, aproximar as empresas de órgãos reguladores e conseguir impacto social positivo. O objetivo era dar suporte ao crescimento do segmento e ampliar o mercado, tanto no plano nacional quanto internacional. A associação foi apresentada ao público em outubro de 2016.

Comitê de Fintechs da Associação Brasileira de Startups (ABStartups)

A Associação Brasileira de Startups (ABStartups) é uma organização sem fins lucrativos, fundada em 2011, para promover e representar startups brasileiras, trabalhando para tornar o Brasil uma das cinco maiores potências em inovação e empreendedorismo tecnológico. Em outubro de 2016, lançou seu Comitê de Fintechs, com o objetivo de representar as startups associadas que sejam ligadas ao segmento financeiro. O Comitê tem forte presença junto a reguladores e agentes públicos e privados do Brasil e do exterior, na busca pelo desenvolvimento e promoção do segmento *fintech* e de suas associadas.

Associação de equity crowdfunding — CrowdInvest

Também buscando maior representatividade e um ambiente mais favorável no setor de *crowdfunding* (financiamento coletivo), a Associação de *equity crowdfunding*, conhecida também por Equity (posteriormente denominada CrowdInvest), foi fundada pelas empresas Broota, Economia Criativa, EqSeed, Ideias de Futuro, Kickante, StartMeUp, The Pie, URBE.ME e Viking.

ABCripto — Associação Brasileira de Criptoeconomia

Reúne as principais empresas atuantes no segmento de criptoativos no país, tendo sido lançada a público em meados de 2018.

A evolução do panorama regulatório fintech no Brasil (gráfico)

Os avanços do segmento *fintech* nacional foram ocorrendo à medida que foram destravadas novas possibilidades no âmbito regulatório. Veja a linha do tempo das principais regras implementadas no Brasil que ajudaram (e ajudarão) a impulsionar a história *fintech* recente:

Iniciativas e movimentos regulatórios importantes para o ambiente *fintech* brasileiro

Abertura do mercado de adquirência no Brasil, quebrando o duopólio exercido pela então Redecard (Rede) e VisaNet (Cielo) – 01/07/2010

Criação da Agenda BC+ pelo Banco Central, com ações voltadas para questões estruturais da instituição e do Sistema Financeiro Nacional: (SFN). Dentre as pautas estão: "Mais Cidadania Financeira", "Legislação mais moderna", "SFN mais eficiente" e "Crédito mais barato" – 20/12/16

Regulamentação da abertura e fechamento de contas pela internet – Lei nº 4.480 de 25/04/16

2010 2011 2012 2013 2014 2015

Mudanças, no âmbito arranjos de pagament relativas à interoperal de e liquidação – circ BCB nº 3.765 de seten de 2015

Marco legal do sistema de pagamentos brasileiro (arranjos de pagamento) – Lei nº 12.865 de 09/10/13

Regulamentação das instituições e serviços de pagamento – circulares BCB nº 3.680, 3.681, 3.682 e 3.683 de novembro de 2013

Para atualizações sobre o tema, siga o site www.ofenomenofintech.com.br (conteúdo de responsabilidade do autor).

Capítulo 8

OPEN BANKING, CRIPTOATIVOS, BLOCKCHAIN E O MERCADO FINANCEIRO DO FUTURO

Neste capítulo, abordaremos alguns conceitos e tendências que, pelo componente de inovação que trazem, não se enquadram em categorias ou fazem parte de subsegmentos que já existem e são conhecidos no mercado financeiro atual (como, por exemplo, pagamentos, investimentos etc.), mas trazem elementos totalmente novos para o jogo. Movimentos como o *open banking*, novas classes de ativo como os criptoativos, e tecnologias como *blockchain* serão os temas de discussão. É hora de acelerarmos rumo a um novo mundo de possibilidades em finanças, as quais estamos apenas começando a experienciar.

Open banking — uma nova era colaborativa em serviços financeiros

Open banking se baseia em uma premissa inicial básica — a de que os dados de transações, histórico financeiro e informações gerais de um indivíduo são de propriedade dele e não da instituição financeira. Com esse conceito em mente, o cliente tem o poder de escolha em relação ao que deseja fazer com esses dados, podendo, por exemplo, compartilhá-los com provedores de serviços financeiros de sua escolha. Esse terceiro, provedor de serviços financeiros, poderia então utilizar os dados desse cliente para ofertar novos produtos e serviços financeiros inovadores e adaptados às necessidades do mesmo.

O conceito ilustrado anteriormente pode parecer simples e bastante óbvio, mas tem se tornado centro de discussões entre *fintechs*, bancos, reguladores e clientes de serviços financeiros mundo afora. Um dos pontos discutidos reside no fato de que, para que tudo isso aconteça, é necessário desenvolver padrões que permitam o compartilhamento de dados bancários de forma fácil e segura entre as instituições participantes do mercado financeiro — como, por exemplo, os bancos de um lado e as *fintechs* do outro, ou quaisquer outros terceiros que busquem acessar tais informações. Essa conexão e troca de informações se daria através de interfaces de programação de aplicações, conhecidas como APIs. As "APIs abertas" permitiriam que terceiros, desde que autorizados pelos clientes, acessassem informações importantes sobre produtos bancários, sendo elas taxas de juros, termos, condições de operações e também dados de contas de clientes, como histórico de transações e saldos de contas. Com a utilização desses dados, as empresas terceiras poderiam desenvolver serviços de alto valor para seus clientes.

As **APIs** (Application Programming Interface ou Interface de Programação de Aplicações), em uma linguagem muito simples, podem ser entendidas como programas ou sistemas que funcionam como uma ponte que conecta aplicações, sendo também utilizadas para os mais variados tipos de negócio, por empresas de diversos nichos de mercado ou tamanho.

As APIs proporcionam a integração entre sistemas que possuem linguagem totalmente distinta de maneira ágil e segura. Em outras formas de integração de sistemas, o profissional que realiza o trabalho precisa, muitas vezes, instalar recursos compatíveis com o sistema no qual se busca efetuar a integração, o que causa um grande trabalho e atraso na geração de negócios e processos produtivos de uma companhia.

As possibilidades disponibilizadas pelo uso das APIs proporcionam, para os desenvolvedores de softwares e aplicativos, a possibilidade de conectar tecnologias heterogêneas, como diferentes bancos de dados, por exemplo. Além disso, é possível fazer com que funcionalidades e ferramentas específicas de determinados aplicativos sejam utilizadas em outros, sem que isso cause qualquer dificuldade.

Esse conceito é amplamente utilizado por grandes empresas de tecnologia (como o Google, Facebook etc.), que permitem que os desenvolvedores integrem aplicações da companhia (como o Google Maps) em serviços disponibilizados por outras (como o Airbnb, que facilita a localização das casas disponíveis para aluguel no mapa do aplicativo). A maneira como as APIs proporcionam a integração e a troca de informações garante seu potencial de transformação nas mais diversas aplicações. Isso porque as APIs criam uma espécie de vitrine, na qual apenas um conjunto específico de informações, definido pela empresa proprietária da aplicação, estará disponível.

?!

A abertura de APIs no mercado financeiro, além de ampliar bastante a possibilidade de oferta de produtos e serviços financeiros para os clientes, tem o poder de aumentar a competitividade no setor. Atualmente algumas instituições financeiras têm aberto suas APIs para que a comunidade de programadores e empresas terceiras possam desenvolver novas aplicações integradas a seus serviços que beneficiarão seus clientes. Essas instituições têm a mentalidade de que essa forma colaborativa, transparente e aberta junto ao ecossistema de inovação é capaz de gerar mais benefícios do que qualquer efeito negativo. Esse movimento muitas vezes acaba sendo totalmente voluntário e pró-ativo em algumas partes do mundo onde não há uma obrigatoriedade legal para que essa integração aconteça. Na União Europeia, por exemplo, existe hoje uma diretiva do Banco Central chamada PSD2 que torna mandatória a abertura de APIs por parte das instituições financeiras, permitindo com que *fintechs* conectem-se a essas com segurança e acessem dados financeiros de clientes que as tenham devidamente autorizado para tal. A utilização dessas informações e históricos mantidos por um banco podem permitir o acesso a ofertas mais atrativas nessas *fintechs*, por exemplo.

Outras instituições em jurisdições fora da Europa, por sua vez, preferem aguardar até que o regulador tenha uma regra clara sobre o tema para começarem a atuar nesse sentido, seja por entendimento estratégico, por terem dúvidas sobre aspectos relativos à troca de informações, de forma segura, com terceiros, ou por quaisquer outros motivos.

Enquanto algumas instituições optam por ficar de fora desse processo, *fintechs*, mundo afora, estão utilizando esse conceito e o poder da conexão e das ofertas conjuntas para ganharem força dentro desse novo momento do mercado. O *neobank* europeu, N26, por exemplo, realizou uma integração com a TransferWise para ofertar um dos melhores serviços de remessas internacionais do mercado a sua base de clientes a partir de sua plataforma. Com isso, a N26 não precisa desenvolver toda uma área interna para ofertar o serviço de remessas, que, provavelmente, não teria qualidade comparável ao da TransferWise, que, por sua vez, tem a oportunidade de acessar novos clientes, sendo praticamente endossados pela N26. Assim, o processo de *rebundling* (já mencionado em capítulos anteriores) se acelera no meio *fintech*, como peças de lego que se conectam para criar interessantes castelos.

O que parece certo e seguro afirmar é que este novo mundo do *open banking* irá possibilitar uma enorme variedade de produtos e serviços, não somente no segmento financeiro, mas também fora dele, resultando em uma melhor experiência do cliente final.

Para tal, não basta apenas boa vontade dos agentes envolvidos e tecnologia disponível. A questão-chave por trás das APIs e do *open banking* não se trata apenas de aspectos tecnológicos. Essa questão é pequena, se comparada a mudança cultural que será exigida das empresas, grandes ou pequenas, implicando uma redefinição da maneira como fazemos negócios e monetizamos produtos, serviços e atividades.

Criptoativos

Os criptoativos, também vulgarmente conhecidos como "criptomoedas" e "moedas digitais", têm sido pauta frequente nos últimos anos devido à expressiva valorização do *bitcoin* (e de outros criptoativos como o Ethereum, Litecoin, dentre outros) no segundo semestre de 2017 e por sua brusca desvalorização ao longo de 2018. Esses movimentos acabaram chamando atenção de várias pessoas, que passaram a conhecer e utilizar esses ativos, trazendo-os ao conhecimento do grande público. É importante ressaltar, contudo, que essa nova classe de ativos havia surgido há quase uma década, em 2009, com a criação do *bitcoin*.

O *bitcoin* é um ativo digital lançado no começo de 2009 por uma pessoa, ou grupo de pessoas, denominado Satoshi Nakamoto — sua identidade real não é conhecida. As discussões a respeito de sua criação já apareciam em fóruns de criptografia pela internet em 2008 e, em 31 de outubro de 2008, foi publicado um White Paper intitulado *Bitcoin: A peer-to-peer Eletronic Cash System*, por Nakamoto.

O site Bitcoin.org, um dos mais antigos existentes sobre o tema, define o *bitcoin* da seguinte forma:

"*Bitcoin* é uma rede que funciona de forma consensual, onde foi possível criar uma forma de pagamento e uma nova moeda completamente digital. É a primeira rede de pagamento descentralizada (ponto-a-ponto), onde são os usuários que gerenciam o sistema, sem necessidade de intermediador ou autoridade central. Da perspectiva do usuário, *bitcoin* funciona como dinheiro para a internet".

Novos *bitcoins* são criados através de um processo descentralizado competitivo chamado de "mineração", recompensando usuários pelos serviços prestados à rede. Nele, os "mineradores" processam as transações efetuadas pelos participantes da rede, empregando poder computacional para resolução de complexas equações e gerando "blocos" nos quais são registradas as operações. Em troca disso, o "minerador" recebe novos bitcoins como recompensa. A emissão de *bitcoins* através desse processo é limitada, no qual o limite máximo é de 21 milhões de unidades e até lá, a cada quatro anos, a recompensa dos mineradores no processamento das operações cai pela metade. Assim, o *bitcoin* acaba adquirindo uma de suas características mais marcantes, que é ser um ativo deflacionário, ou seja, seu poder de compra aumenta com o tempo.

Como cada unidade do *bitcoin* é única (não podendo ser replicada) e pela característica mencionada anteriormente, esse ativo acabou por criar um fato inédito no mundo digital, a escassez. O que acaba contribuindo para ele se torne um ativo com um potencial de apreciação.

Ainda segundo o site Bitcoin.org, essas são algumas vantagens e desvantagens do *bitcoin*:

Vantagens: liberdade de pagamento; taxas muito baixas; riscos menores para comerciantes (operações irreversíveis); segurança e controle; transparência e neutralidade (toda informação é disponível em tempo real na *blockchain*, cadeia de blocos onde são registradas as operações realizadas).

Desvantagens: grau de aceitação; volatilidade; desenvolvimento em curso.

?!

O *bitcoin* abriu caminho para outros criptoativos, que buscavam emular algumas de suas presentes características básicas e que possuem, em muitas situações, casos de uso diferentes ou específicos. Hoje, existem uma quantidade enorme de diferentes criptoativos, tornando muito difícil a tarefa de abordá-los nessa obra. Assim, iremos nos ater ao conceito mais amplo de criptoativos.

O fato de os criptoativos serem totalmente desmaterializados e serem nativos do mundo digital lhes concede possibilidades que outros ativos conhecidos não possuem. Tornam-se, assim, perfeitos para circulação no meio digital e de fácil integração com vários serviços presentes, além de serem uma espécie de unidade de valor programável e inteligente, abrindo um enorme leque de possibilidades na criação de novos produtos e serviços.

Em diferentes partes do mundo, presenciamos os reguladores tratando de forma diferente os criptoativos. Em abril de 2018, o *bitcoin*, por exemplo, era considerando ilegal em países como Bolívia e Marrocos. Já em países como o Japão, os criptoativos possuem regulamentação própria, sendo que, em 2017, essa classe foi reconhecida como um meio de pagamento legal no país.

O surgimento do *bitcoin* e seu princípio de funcionamento trouxeram à luz o mecanismo responsável pelos registros imutáveis de suas transações e características que o tornam descentralizado. Esse mecanismo ficou conhecido como *blockchain* e passou a ter seu conceito explorado por diferentes indústrias, principalmente a financeira. Esse tópico será abordado a seguir.

Blockchain

Já era hora de falarmos desse assunto, afinal muitos apontam que essa tecnologia terá impacto superior ao que a internet promoveu nos anos 1990, nas economias mundiais. De um modo geral, a tecnologia permitirá uma radical redução no custo das "garantias", através da descentralização de processos e da formalização nas relações comerciais, seja entre pessoas ou empresas.

Por esse motivo (descentralização), o *blockchain* tem um potencial tão transformador em nossa sociedade. Historicamente, a troca de valores, bens e serviços entre pessoas e empresas sempre precisaram de um agente (terceiro) que dissesse que tais transações estavam verificadas, legalmente aprovadas e garantidas. Esse é, por exemplo, o papel realizado por câmaras de compensação (*clearing houses*) e outros diferentes intermediários em nossa economia.

Mas e se uma tecnologia permitisse que todas as transações, sejam quais forem, entre pessoas, empresas ou países, pudessem naturalmente ser validadas e garantidas, sem a necessidade de intermediários e/ou instituições que validem ou garantam essas transações?

Pois bem, esse é um dos atributos do *blockchain*. Uma lista de transações, potencialmente de qualquer natureza, podendo ser de dinheiro, produtos, serviços etc. — controlada não de maneira centralizada por um banco, uma agência ou uma instituição, mas de forma descentralizada, guardada em milhares de computadores e com milhares de cópias, todos escolhidos aleatoriamente.

As maravilhas e os benefícios dessa descentralização são notórios quando comparados ao sistema tradicional. Podemos recordar, por exemplo, que, em 2007, o banco americano Lehman Brothers relatou um resultado recorde, totalmente endossado e garantido por seu auditor, Ernst & Young. Nove meses depois, esse banco com 158 anos de existência quebrou. Não demorou muito para percebermos que esse banco e alguns outros ao redor do mundo inflaram seus balanços e forjaram resultados inexistentes.

A crise dos bancos nos EUA, em 2007, foi também uma crise de confiança. Agora imaginem todos aqueles contadores e auditores validando e confirmando números e transações, não somente internamente na empresa, mas também os auditores externos, os analistas de mercado, as agências reguladoras, o Banco Central, a SEC etc. — tudo centenas e milhares de vezes, número após número, transação por transação, apenas para garantir que tudo estivesse correto.

E não estava.

Evidentemente, o fato que mais sobressaiu dessa crise foram as perdas econômicas geradas para todo o mundo. Mas e o custo dessa forma de organização econômica, centralizada e absurdamente cara? Quanto custou manter esse sistema interligado de processos, garantias, duplas garantias, avais, verificação, recálculos? Mesmo que o custo fosse aceitável, como justificar algo que simplesmente foi insuficiente para evitar essa grande crise mundial?

Usamos esse exemplo apenas para exemplificar os gigantescos benefícios da aplicação da tecnologia do *blockchain*, em larga escala.

Mas se nos concentrarmos apenas nas aplicações mais comuns dessa tecnologia, ainda incipiente, também podemos verificar seus benefícios e vantagens. Imaginem que alguém tenha 10 unidades de um produto, de um serviço ou de uma moeda, e deseja vendê-lo a uma outra pessoa. Que tal registrar essa transação, em um ambiente público, em milhares de computadores e que não possa ser alterada?

Essa transação seria registrada em blocos, em uma rede de computadores descentralizada e aleatória. Daí o nome *blockchain*.

Blockchain, na verdade, é uma solução para uma questão milenar: "como criar confiança suficiente para que algo acordado entre partes seja cumprido conforme estabelecido?".

Entretanto, logo se percebeu que esta tecnologia, poderia ser amplamente mais utilizada, não somente para validar transações financeiras — como citado anteriormente, as primeiras aplicações do *blockchain* foram dentro do âmbito dos criptoativos.

Inúmeras novas aplicações e possibilidades do uso do *blockchain* surgem, nas mais diversas áreas, multiplicando exponencialmente as possibilidades para transformarmos os modelos econômicos e de produção na sociedade.

Em matéria da revista Forbes, em 2018, foram citadas as cinco principais áreas ponteciais para o uso do *blockchain*, dentre elas encontram-se:

1. **Gestão de contratos e contratos inteligentes**

   Qualquer indústria que depende de contratos, como seguros, bancos, imóveis, construção, entretenimento e legislação, pode se beneficiar da forma como o *blockchain* atualiza, administra, rastreia e protege documentos. Os contratos inteligentes, aqueles incorporados com instruções e executados sem o envolvimento de um intermediário, também usarão a tecnologia.

2. **Processamento de pagamentos e moedas**

   Mesmo que você não use o *bitcoin*, a mais famosa moeda digital que opera por meio do *blockchain*, a influência da tecnologia só tende a aumentar. O *blockchain* tem potencial de ser altamente transformador para qualquer empresa que processe pagamentos, uma vez que pode eliminar a necessidade de intermediários — comuns atualmente nesse tipo de operação.

3. **Supply Chain**

O *blockchain* é ideal para gerenciar processos em que há constantes mudanças nos valores ou *status* dos ativos. Por isso, alguns especialistas acreditam que a tecnologia pode se tornar um "sistema operador da cadeia de abastecimento". Ela já está sendo usada pelo Walmart e seu Food Safety Collaboration Center, em Pequim, para rastrear detalhes das fazendas de origem, números de lote, dados de fábrica e de processamento, datas de validade e temperatura de armazenamento.

4. **Proteção de ativos**

A nova tecnologia pode, por exemplo, ajudar um músico a garantir os ganhos com os *royalties* de suas músicas ao criar um registro de propriedade em tempo real. Esse é o serviço que a startup global Everledger pretende fazer usando *blockchain* e contratos inteligentes. Especificamente criado para melhorar as medidas contra falsificação para produtos farmacêuticos, itens de luxo, diamantes e eletrônicos, o BlockVerify permite às empresas registrar seus próprios produtos e introduz transparência nas cadeias de suprimentos.

5. **Identificação, sistemas de registro pessoal e senhas**

Os governos administram grandes quantidades de dados pessoais, de certidões de nascimento, óbito e casamento a passaportes e dados dos censos. O *blockchain* oferece uma solução simplificada para gerenciar tudo de forma segura. A identificação pessoal é o que uma startup chamada Onename deseja gerenciar. Além de oferecer serviços para registrar e gerenciar uma identidade *blockchain*, a empresa disponibiliza um produto chamado "cartão de acesso", que ela pretende usar como uma chave digital para substituir todas as senhas e logins exigidos para indivíduos, incluindo as informações da carteira de motorista. O ShoCard é outro sistema de gerenciamento de identidade em uso atualmente, que ajuda pessoas e empresas a validarem a identidade rapidamente.

Como foi dito, essas são apenas algumas das possibilidades mais visíveis para a utilização dessa tecnologia. Ainda há muito a ser feito e as aplicações estão apenas começando.

O mercado financeiro do futuro

Novos elementos introduzidos ao mercado financeiro como *open banking*, criptoativos e *blockchain*, sem dúvida, chegaram para ficar e estão dando novos contornos ao mercado financeiro do futuro. Um futuro que tem tudo para ser mais colaborativo, digital e descentralizado.

Capítulo 9

CORPORATE VENTURE — O MOVIMENTO DAS GRANDES INSTITUIÇÕES FINANCEIRAS

Como já abordamos em capítulos anteriores, o fenômeno *fintech* impactou bastante a forma como nós, clientes, relacionamo-nos com produtos e serviços financeiros. A partir de então, estava claro que a forma anterior de atuar no mercado precisava ser revista e, nesse caso, tanto os grandes bancos quanto as demais instituições tradicionais (seguradoras, empresas de pagamento, financeiras, dentre outras) tinham como desafio repensar seus negócios e se posicionarem frente a tantas transformações.

Quando as primeiras *fintechs* começaram a crescer, abrir capital e despontar mundo afora, uma parte da mídia passou a divulgar manchetes que anunciavam "a morte dos bancos pelas *fintechs*" ou o duelo estilo "Davi e Golias" travado entre os dois, ambos casos com sua dose de exagero e sensacionalismo. Contudo, ficou claro que a continuidade do mesmo modelo de atuação das instituições tradicionais certamente levaria a uma diminuição da percepção de valor de seus serviços por seus clientes ao longo do tempo e uma consequente perda de relevância no longo prazo. Era preciso se mexer, e assim foi feito. Esse movimento por parte das grandes empresas tem o nome de *corporate venture* e já fazia parte da estratégia de algumas companhias em outros setores da economia antes de se tornar bastante presente também no mercado financeiro.

Corporate venturing refere-se às diferentes formas de relacionamento entre grandes empresas (corporações) e o ecossistema de inovação (startups, empreendedores, desenvolvedores etc.), visando ao benefício mútuo. As estratégias de *corporate venturing* variam desde a criação de programas de inovação específicos até a aquisição de empresas inovadoras através de um fundo criado pela corporação, conhecido como *corporate venture capital*. Empresas como 3M e Intel se notabilizaram pela utilização dessas estratégias, oxigenando suas estruturas com inovação e, consequentemente, atualizando seus modelos de atuação ao longo do tempo.

?!

Assim, com o passar do tempo, as manchetes apocalípticas que decretavam "a morte dos bancos" deram lugar a notícias que mostravam o crescente envolvimento e colaboração entre bancos e *fintechs*.

A seguir, mostraremos como diferentes iniciativas de colaboração aconteceram no Brasil e no mundo dentro do segmento financeiro, as diferenças entre as principais abordagens de *corporate venturing* e sua importância no contexto das grandes organizações.

As abordagens de inovação corporativa mais comuns no meio financeiro

Existem diferentes formas de executar ações que promovam inovação dentro de grandes corporações, e cada uma delas envolve níveis distintos de investimento, comprometimento de tempo e potencial de retorno. A grande maioria está pautada no conceito de *open innovation* (inovação aberta), que compreende a participação de agentes externos à organização para buscar soluções sob novos pontos de vista e perspectivas. É preciso ter em mente, contudo, que, sem um genuíno envolvimento e chancela da alta gestão (no nível estratégico) em quaisquer que sejam as estratégias escolhidas, dificilmente será obtido êxito nesse processo.

> O termo **open innovation** foi criado por Henry Chesbrough, professor da Universidade de Berkeley. Em suma, trata-se de uma abordagem mais distribuída, participativa e descentralizada à inovação, baseada no fato de que hoje o conhecimento útil é amplamente distribuído e nenhuma empresa, por mais capaz ou grande que seja, poderia inovar efetivamente por conta própria. Assim, a empresa utiliza ideias internas e externas para complementar o processo de inovação, trabalhando intensamente as cocriações.
>
> ?!

Dentre algumas das diferentes estratégias de *corporate venturing* já utilizadas por instituições financeiras, podemos destacar:

Hackathons: são maratonas de desenvolvimento de soluções inovadoras que agrupam participantes com diferentes habilidades (negócios, design, programação etc.), atuando em cima de temáticas e desafios específicos definidos pela organização, tendo também o envolvimento de mentores no auxílio aos grupos. Essas maratonas geralmente acontecem em um período curto (como um final de semana), podendo ou não ter etapas posteriores. Os *hackathons* são bons instrumentos no desenvolvimento de mentalidade voltada para resolução ágil dentro das organizações (principalmente quando há participação de funcionários) e de quebra de dogmas internos, ao lançar diferentes olhares e abordagens sobre um problema. Essa costuma ser uma estratégia inicial dentre todas relacionadas à *corporate venturing* e, na maioria das vezes, envolve participantes e grupos que iniciam o desenvolvimento das soluções na própria maratona — em vez de trazerem soluções já prontas ou startups previamente constituídas.

Programas de aceleração: geralmente envolve uma chamada aberta a startups já operacionais que desenvolvam soluções para problemas específicos ou alinhados com setores estratégicos definidos pela organização. Após um processo de seleção, essas startups são acompanhadas pela corporação durante um período (que pode variar, na maioria dos casos, de três meses até um ano) no qual recebem mentorias voltadas à melhoria de sua performance e suporte para realização de negócios com a corporação. Os Programas de aceleração podem ou não envolver aporte em troca de participação na startup e, em vários casos envolvem a cessão de espaço físico para ser utilizado pela startup para o desenvolvimento de suas atividades enquanto durar o programa. Programas de aceleração podem ser operacionalizadas tanto por uma área específica da corporação quanto por aceleradoras do mercado — que podem tanto construir programas sob medida quanto envolver um grupo de clientes corporativos em sua rede de relacionamento.

Laboratórios de inovação: são espaços que podem ficar tanto dentro como fora da grande empresa, possuem o objetivo tanto de testar novas tecnologias com seus fornecedores quanto realizar provas de conceito junto a startups. Alguns desses espaços acabam sendo utilizados para disseminar novos conceitos e metodologias de trabalho dentro da organização e como ponto de contato com o ecossistema de inovação e a comunidade desenvolvedora de aplicações, através de colaborações específicas ou eventos.

Hubs de inovação/Espaços colaborativos: os *hubs* de inovação visam ao desenvolvimento de um ecossistema amplo, com vida própria e povoado por startups e empresas ligadas à corporação. Geralmente, trata-se de espaços físicos que contam com startups residentes (em muitos casos pagantes de aluguel pelo espaço utilizado) que geralmente passam por um processo de seleção para integrarem o *hub*. Por sua vez, as corporações geram densidade no espaço, trazendo também parceiros estratégicos, clientes e fornecedores, ampliando as possibilidades de negócios entre todos os participantes. Esses locais também contam com uma agenda intensa de eventos relacionados a inovação, tecnologia e empreendedorismo, o que ajuda a fortalecer o ecossistema local.

Corporate venture capital: trata-se de um fundo criado por uma corporação para realizar investimentos estratégicos em startups — que podem estar em diferentes estágios, dependendo do propósito do fundo. Os fundos de *corporate venture capital* são entidades apartadas que contam com equipe própria focada na busca de alvos alinhados com os objetivos definidos pela empresa-mãe.

As primeiras iniciativas ao redor do mundo

Uma das ações pioneiras de aproximação entre corporações e o ecossistema de inovação no mercado financeiro foi realizada pela SWIFT (gigante do mercado de mensageria e remessas entre instituições financeiras) com a criação da Innotribe em 2009, uma iniciativa que buscava estabelecer um ponto de conexão entre *fintechs* e provedores de serviços financeiros tradicionais, através de eventos, competições entre startups e divulgação de relatórios e pesquisas sobre o segmento. Apesar de não ter sido lançado inicialmente aos moldes de programa de inovação convencional e não se enquadrar objetivamente dentro dos exemplos de estratégias de *corporate venturing* citadas anteriormente, essa iniciativa teve um importante papel no estabelecimento de pontes entre esses dois mundos. Muitas das principais *fintechs* que emergiram na última década já foram apresentadas nos palcos da Innotribe, permitindo várias oportunidades de negócios graças à exposição direta a tomadores de decisão de grandes corporações.

Também em 2009, o banco espanhol BBVA lançou uma competição chamada "BBVA Open Talent", com o objetivo inicial de promover o empreendedorismo em empresas de tecnologia através do suporte a projetos inovadores, em que os vencedores recebiam até €100.000 em premiações. O projeto cresceu bastante (chegou a completar 10 edições) e ficou mais robusto, com etapas regionais pelo mundo, além de interações e mentorias com executivos seniores da instituição para os vencedores. O Open Talent também foi responsável por ajudar a moldar as diferentes iniciativas de *corporate venturing* do BBVA, que criou desde *hubs* próprios de inovação (na Espanha, México e Colômbia) até seu próprio fundo de *corporate venture capital.*

Pouco tempo depois, uma importante iniciativa de *corporate venturing* surgiu em 2010, na cidade de Nova York, quando foi lançado pela consultoria Accenture, em conjunto com o Partnership Fund for New York City (fundo criado por empreendedores locais para fomentar negócios na cidade), o Fintech Innovation Lab. Trata-se de um programa de aceleração de 12 semanas de duração voltado para startups em fase inicial e em fase de crescimento, tem como objetivo ajudá-las a refinar e testar sua proposta de valor com o suporte de algumas das principais empresas do mercado financeiro do mundo — diferentes corporações que se juntam ao programa para terem contato direto com as *fintechs* que lá estão e as que já passaram por lá. Após vários casos de sucesso e negócios realizados entre as empresas participantes, o programa se expandiu para Londres, em 2012, e para Hong Kong, em 2014.

A partir de 2010, houve também uma intensificação na criação de estruturas de *corporate venture capital* pelas principais instituições financeiras globais, tais como o Citi Ventures (criado em 2010), American Express Ventures (2011), Bloomberg Beta (2013), BBVA Ventures (em 2013, sendo substituído pelo fundo Propel Ventures artners em 2016), Santander InnoVentures (2014), Allianz Life Ventures (2015), Liberty Mutual Strategic Ventures (2015), Munich Re/HSB Ventures (2016), ABN AMRO Digital Impact Fund (2017), dentre outros. Passou a tornar-se consenso que era necessária uma posição mais ativa junto às *fintechs*, incluindo investimentos de fato nessas companhias, e uma boa parte das instituições desenvolveu estruturas dedicadas para tal.

Diferentes programas de aceleração *fintech* foram sendo criados nos anos que seguiram, dentre eles o RISE em 2014 (que inicialmente se chamava Barclays Accelerator, mas mudou de nome no ano seguinte), iniciativa do banco Barclays operacionalizada pela empresa americana Techstars, que começou em Londres e evoluiu para uma rede de *hubs* físicos com presença também em Nova York, Manchester, Cidade do Cabo, Mumbai, Tel Aviv e Vilnius (na Lituânia). Também em 2014, a aceleradora global Startupbootcamp criou uma célula dedicada para o segmento, batizada de Startupbootcamp Fintech, que trabalha em conjunto com parceiros corporativos que desejam estar próximos a empresas inovadoras. Começaram atuando em Londres e ampliaram para Singapura, Mumbai, Nova York e Cidade do México. A aceleradora norte-americana Plug and Play seguiu o mesmo caminho e criou um programa dedicado à *fintech*, em 2015, no Vale do Silício, expandindo para Paris (em parceria exclusiva com o Banco BNP Paribas), Abu Dhabi (em conjunto com a autoridade financeira local, Abu Dhabi Global Market), Nova York, Tóquio, Singapura e Frankfurt.

Como podemos observar, na maioria dos casos, os bancos terceirizam a operação de seus programas de aceleração para empresas especializadas, para que essas desenvolvam um programa específico para eles ou para se juntarem a algum já existente, integrando uma rede de parceiros corporativos.

Em relação a *hackathons* e demais maratonas de desenvolvimento de projetos realizados por instituições financeiras em conjunto com pessoas externas à organização, podemos observar uma grande quantidade dessas iniciativas acontecendo a partir de 2015. Edições globais contendo etapas regionalizadas como o Masters of Code, da MasterCard (que aconteceu ao longo de 2015 em 12 grandes cidades) e o BNP Paribas International Hackathon (também em 2015, em cinco cidades simultaneamente) são alguns exemplos de grandes ações de inovação aberta e cocriação.

Outro exemplo interessante de *hackathon* que ocorreu no ano de 2015, foi o CodeGS, do Goldman Sachs. Tratava-se de uma maratona voltada para o público estudantil, tendo etapas locais nas principais universidades americanas. Além de cocriar soluções com esse público, o CodeGS também servia como uma forma de aproximar a área de tecnologia do banco a potenciais funcionários juniores. Assim, essa estratégia acabava sendo aliada na guerra por novos talentos no setor financeiro, visto que novos profissionais de tecnologia também são disputados por *bigtechs* e *fintechs*.

A atividade de *corporate venturing* no meio financeiro amadureceu bastante até os dias de hoje. Dentro dos modelos mencionados anteriormente, vários formatos têm sido explorados mundo afora e vêm se adaptando a novos contextos de transformação da indústria. Como não poderia ser diferente, todo esse movimento começou também a acontecer no Brasil, à medida que instituições financeiras locais passaram a concentrar seus primeiros esforços em ações de *corporate venture*. É exatamente isso que veremos a seguir.

Uma breve história sobre corporate venture no mercado financeiro brasileiro

A indústria financeira local já via, tanto pelo mundo quanto no Brasil, que uma rápida transformação estava em curso. O modelo fechado de inovação praticado até aquele momento certamente não seria suficiente para acompanhar a velocidade da mudança. Cientes disso, os dirigentes das principais instituições começaram a agir.

Um dos movimentos pioneiros nesse sentido partiu do Bradesco que, sob o comando de Maurício Minas, diretor vice-presidente da instituição à época, lança em outubro de 2014 o programa InovaBRA. Essa foi a primeira iniciativa de inovação aberta da instituição, que, até aquele momento, tinha como principal característica o desenvolvimento interno de soluções, que consistia em uma chamada aberta a startups (escolhidas após um processo de quatro meses de duração) que teriam seis meses para criar um novo produto ou serviço e integrá-lo à tecnologia do banco. Durante o processo, tanto o Bradesco quanto algumas empresas de consultoria contratadas dariam suporte às startups para que fosse atingido esse objetivo. A contrapartida do programa para a startup era justamente conseguir um contrato com o banco ao final do programa, passando a ter um dos maiores bancos do país em seu portfólio de clientes. A primeira edição contou com 553 inscrições e surpreendeu positivamente o banco pelo nível dos projetos apresentados, motivando sua continuidade e expansão. Após alguns anos, o nome InovaBRA passou a ser utilizado para designar uma estratégia mais ampla de *corporate venturing* do banco, em que estão agrupadas diferentes iniciativas, sendo:

InovaBRA Startups: a interface de inovação aberta junto a empresas inovadoras, preservando características e funcionando com propósito similar ao que motivou a primeira edição, em 2014.

InovaBRA Ventures: em novembro de 2016, foi anunciada a criação do fundo de *corporate venture capital* da instituição, com R$100 milhões de recursos de proprietários.

InovaBRA Internacional: laboratório de inovação sediado em Nova York e inaugurado no final de 2017. Tem como objetivo estabelecer alianças estratégicas com parceiros globais, prospectar inovações com startups, experimentar novos modelos de negócio e imergir funcionários no ecossistema de inovação internacional.

InovaBRA Lab: trata-se de um espaço de 1.700m² inaugurado em janeiro de 2018, no Núcleo Bradesco em Alphaville (SP), contemplando laboratórios de tecnologia, área para eventos, *coworking* e ambiente para testes em conjunto com os parceiros de tecnologia do banco.

InovaBRA Hub: plataforma digital colaborativa que serve como interface para que startups se cadastrem em programas do Bradesco e para que outras corporações parceiras possam encontrar empreendedores com soluções para suas necessidades, através da publicação de desafios de negócios.

InovaBRA Inteligência Artificial: área dedicada para desenvolvimento de pesquisas e aplicações na área de I.A.

InovaBRA Habitat: inaugurado em fevereiro de 2018, trata-se de um *hub* de inovação situado próximo à Avenida Paulista, em São Paulo, com 22 mil m² e 10 andares. O espaço abriga células de inovação de corporações parceiras do banco e startups, além de contar com vários espaços para eventos.

Ainda no ano de 2014, em novembro, vimos a incursão do Banco Itaú no campo da inovação aberta com o Hackathon Itaú, uma maratona que tinha como foco o desenvolvimento de soluções que inspirassem a construção de um banco cada vez mais digital. A iniciativa era voltada para o público universitário e havia premiações em dinheiro para as três equipes melhores colocadas. Já em dezembro, aconteceu o Startup Weekend FinTech São Paulo, uma maratona de desenvolvimento de projetos organizada de forma colaborativa por voluntários (com o suporte da empresa Techstars) e que teve o patrocínio do Bradesco.

O ano de 2015, por sua vez, foi marcado pela etapa brasileira do Masters of Code (*hackathon* global da MasterCard), em abril, e pela inauguração do Cubo, *hub* de inovação do Itaú, criado em conjunto com o fundo de *venture capital,* Redpoint e.Ventures, em setembro. O Cubo foi o primeiro espaço do tipo criado na América Latina, possuindo 5 mil m^2, áreas para evento e *coworking* para startups residentes (que precisavam passar por um processo de seleção, porém pagavam valores de mercado pela posição de trabalho). Desde seu lançamento, o espaço se tornou um importante centro de gravidade do ecossistema de inovação brasileiro, abrigando frequentes eventos de tecnologia e recebendo muitos parceiros corporativos — o que propiciou o fechamento de vários negócios entre startups residentes e corporações. As empresas residentes também passavam por um processo mais rápido que o usual para tornarem-se fornecedoras do grupo Itaú. Importante notar que o Cubo foi constituído como uma empresa sem fins lucrativos, tendo como grande objetivo o fomento do ecossistema. Em agosto de 2018, o Cubo foi transferido para um novo espaço com 20 mil m^2, próximo à unidade anterior, no bairro Vila Olímpia, em São Paulo.

Em 2016, houve intensa atividade de *corporate venturing* no país, quando muitas instituições começaram a se envolver em programas e lançaram suas iniciativas. Em janeiro de 2016, a seguradora Porto Seguro abriu as portas da Oxigênio, sua aceleradora de startups e espaço de inovação, após ter aberto uma seletiva em setembro do ano anterior e divulgado os projetos aprovados em dezembro. O projeto contava com uma parceria com a aceleradora norte-americana Plug and & Play e era operacionalizado pela empresa Liga Ventures. As startups aprovadas contavam com mentoria de executivos da seguradora e de parceiros do programa, além de receberem US$50 mil de aporte direto e cerca de US$100 mil em benefícios indiretos — como infraestrutura e suporte providos pela aceleradora. Em troca disso, a Oxigênio ficava com 5% de participação na startup e a Plug and Play com adicionais 5%. O espaço onde ficou sediada a aceleradora, em uma região central de São Paulo, contava também com locais para eventos e posições de trabalho para as startups.

Em março daquele ano, houve a segunda edição do Startup Weekend Fintech São Paulo, dessa vez contando com o patrocínio da XP Investimentos (em um de seus primeiros envolvimentos com maratonas de inovação aberta) e foi realizado na bolsa de valores da cidade. Já em maio, foi a vez da Serasa Experian realizar seu primeiro *hackathon*, batizado de Experience Jam, que acabou tendo outras edições recorrentes nos anos que se seguiram. Em junho, aconteceu o MasterCard Shift, um *hackathon* focado em inovações para o meio de pagamento, uma parceria entre MasterCard e Facebook.

O mês de julho foi marcado pelo início dos movimentos de inovação aberta do Banco BMG, de Minas Gerais, com a criação do BMG Uptech. Tratava-se de braço de *corporate venture* que contemplava um programa de aceleração, espaço de *coworking* e realização de investimentos em startups de diferentes verticais. Em fevereiro de 2017, a instituição ampliou suas ações nessa área, lançando o BMG Digital Lab, em parceria com a aceleradora ACE, focado essencialmente em startups em estágio mais avançado e no desenvolvimento de um projeto piloto entre essas empresas e o banco pelo período de três meses. Por fim, em março de 2017, o BMG tornou-se sócio minoritário da Bossa Nova Investimentos, fundo de *venture capital early stage* dirigido pelos empresários João Kepler e Pierre

Schurmann. Assim, o banco injetaria R$100 milhões que seriam utilizados para aportes em startups.

Em agosto daquele ano, a CETIP — Central de Custódia e Liquidação Financeira de Títulos Privados, lançou seu programa de inovação, chamado Foresee, que consistia no investimento em startups através da Darwin Starter — aceleradora baseada em Florianópolis, Santa Catarina. Após a fusão entre a BM&FBovespa e a CETIP, criando a B3 (Brasil, Bolsa, Balcão), o programa Foresee foi mantido pela nova instituição. Hoje, o programa está estruturado em três pilares estratégicos: desenvolvimento de mercado, aculturamento interno e novas oportunidades. Além da aceleração já mencionada, a B3 é um dos investidores da Red Point eventures, faz parte da rede de parceiros do Cubo, é integrante do programa Up Innovation Lab (serviço de *corporate venturing* provido pela consultoria Accenture) e é parceira da vertical de *fintech* da ACATE (Associação Catarinense de Empresas de Tecnologia).

Também em agosto de 2016, a RTM (empresa que provê redes de telecomunicações para o mercado financeiro brasileiro) realiza o lançamento do Conecta RTM, seu posicionamento de *corporate venture*, que congregava diferentes iniciativas e visava a uma maior integração ao ecossistema de inovação. Uma dessas iniciativas era a participação como parceiro corporativo da Darwin Starter em seu programa de aceleração (tal como a CETIP). Em novembro daquele ano, a RTM foi apoiadora do 17º grupo de startups aceleradas pela Farm e, em fevereiro de 2017, lançou o Desafio RTM, que buscava startups para desenvolverem projetos alinhados com as linhas de negócio da corporação, podendo tornar-se parceira ou investidora estratégica caso houvesse avanços durante a interação.

Passando por setembro, aconteceram dois Startup Weekend simultâneos, um em Brasília (patrocinado pelo Banco do Brasil) e outro em Brasília (com o patrocínio da corretora Rico e da Sicoob RJ). Outro importante fato ocorrido nesse mês foi o lançamento do Visa Innovation Center, laboratório de inovação da Visa para cocriação de novas soluções voltadas para o mercado de pagamentos no país — antes dessa unidade baseada em São Paulo, a Visa já havia estabelecido outros laboratórios em Miami, São Francisco, Londres, Singapura e Dubai. A Visa também deu outro importante passo em suas iniciativas de *corporate venture* no país com o anúncio de seu programa de aceleração para startups *early stage*, o ahead Visa, em parceria com a aceleradora Farm em outubro. Em fevereiro do ano seguinte, lançou mais um programa de aceleração, dessa vez voltado para startups mais maduras e operacionalizado pela consultoria Kyvo e pela GSV (Global Silicon Valley) Labs, o Visa Track. O programa teria parte de suas atividades conduzidas no Brasil e parte no Vale do Silício.

No mês de outubro, o Banco Votorantim realiza um investimento no fundo BR Startups, criado pela Microsoft Participações e gerido pela MSW Capital. Trata-se de um fundo multicorporativo voltado ao investimento *series A* em startups, que já possuía investidores como Microft, Qualcomm Ventures, Monsanto Ventures, dentre outros. Em fevereiro de 2017, a BB Seguridade, empresa de seguros pertencente ao Banco do Brasil, também entra como investidora do BR Startups, tornando-se investidor âncora de *insurtech*.

Os bancos estatais também começaram a realizar ações de *corporate venture*, a partir daquele ano. A Caixa Econômica Federal e a Artemísia, organização sem fins lucrativos pioneira na disseminação e no fomento de negócios de impacto social no Brasil, lançaram o programa Desafio de Negócios de Impacto Social — Educação Financeira e Serviços Financeiros para Todos, no mês de outubro. Além da premiação financeira de até R$200 mil para startups que tivessem soluções de impacto social focadas na população de baixa renda, a Caixa e a Artemísia ajudariam na realização do piloto dos projetos junto ao público-alvo. Em junho, foi a vez do Banco do Brasil inaugurar o Laboratório Avançado Banco do Brasil (LABB) no Vale do Silício, dentro da sede da aceleradora Plug and Play. Junto com o laboratório, o banco lançou um projeto de intraempreendedorismo, no qual funcionários iam até o Vale do Silício vivenciar a cultura do local e desenvolver projetos que seriam depois integrados à instituição, disseminando internamente os métodos e mentalidade aprendidos durante a imersão. Alguns meses depois, em dezembro, o BB abre um laboratório de inovação em Brasília, impulsionado pelas experiencias positivas do LABB. Avançando um pouco mais, em meados de 2018, o Banco do Brasil lança o programa Ahead BB, em conjunto com a Startup Farm, contando com seis meses de aceleração e focada em startups dos segmentos de *wellness* (bem-estar), *customer analytics* (análise de comportamento do consumidor) e *wealthtech* (tecnologias voltados para investimento).

Fechando 2016, aconteceu o The Code Force, iniciativa do Banco Santander que consistia em uma maratona de desenvolvimento de projetos para o mercado financeiro, no qual quatro equipes vencedoras passariam por uma aceleração de curta duração (executada no espaço físico da aceleradora Wayra) e apresentariam novamente as soluções, agora já refinadas após mentorias do banco e de parceiros, para o *board* do Santander em um evento interno. Os vencedores receberiam um patrocínio financeiro do banco para darem continuidade ao projeto. A iniciativa contou com o suporte da consultoria de inovação Innercore Solutions e da MasterCard Advisors em sua operacionalização. No início do ano seguinte, o Santander lançou uma nova ação de *corporate venturing* chamada Radar Santander, em conjunto com a Endeavor (organização global sem fins lucrativos). O Radar Santander contemplaria startups em fase *scale up* (altas taxas de crescimento constante ao longo de alguns anos) que tivessem potencial de fazer negócios com o banco, sendo que dez seriam chamadas para apresentar um *pitch* — breve apresentação geral do projeto — para a diretoria da instituição e cinco seriam escolhidas para integrarem o programa — que consistiria em mentorias de executivos do Santander e empresas integrantes da rede Endeavor. Nesse caso, não seriam previstos aportes financeiros ou contratos de exclusividade, e não haveria a participação apenas de *fintechs*, mas também startups de outras verticais.

O ano de 2017 inicia com o anúncio da criação da Plataforma Space, pelo Sicoob Empresas RJ — cooperativa de crédito filiada ao Sicoob, a maior rede cooperativa financeira do Brasil. Trata-se de um *hub* de inovação situado no bairro da Barra da Tijuca, no Rio de Janeiro, voltado para startups em fase *scale up*, contendo infraestrutura, espaço de trabalho colaborativo, mentorias para capacitação técnica e acesso ao mercado e a crédito. Já em Belo Horizonte, no mês de maio, é anunciada a união do Banco Inter e da MRV Engenharia (ambas da família Menin) e da Localiza (empresa de aluguel de veículos) na criação do Órbi Conecta — um *hub* de inovação sem fins lucrativos voltado para startups. O espaço foi oficialmente inaugurado no mês de novembro daquele ano, ficando localizado no bairro da Lagoinha, na capital mineira, com área total de 2,5 mil m² com estrutura para realização de eventos e área de *coworking*. Ainda em novembro, houve também a inauguração de outra iniciativa em terras mineiras, dessa vez pelo Banco BS2 (antigo Banco Bonsucesso), criando o BS2 Pool — laboratório de inovação do banco situado na cidade de Nova Lima (região metropolitana de Belo Horizonte), dentro do espaço Atmosphera — espaço de inovação de 15 mil m^2 que conta com diferentes apoiadores corporativos.

Em junho de 2017, vimos a Febraban (Federação Brasileira de Bancos) lançar a sua primeira iniciativa de inovação aberta, o 1º Hackathon CIAB Febraban. Tratava-se de um *hackathon* executado previamente ao CIAB (maior conferência sobre tecnologia para o mercado financeiro da América Latina), no qual quatro equipes saíam finalistas e ganhavam o direito de apresentar seus projetos durante os três dias de evento. Em um momento durante a conferência, uma das quatro equipes sai campeã após votação por especialistas de diferentes instituições. A equipe vencedora ganhava também a chance de apresentar o seu projeto para as principais instituições financeiras do país (federadas à Febraban). A ação tornou-se tradicional e continuou a ser executada em edições seguintes do CIAB, com suporte da consultoria Spiralem.

Outras maratonas também tiveram destaque no segundo semestre de 2017: o Hack in Debt, *hackathon* do grupo Intervalor (empresa do segmento de crédito e cobrança) focado em inadimplência, realizado em outubro; Hackathon Banco Original, explorando o desenvolvimento de soluções utilizando *open banking* e inteligência artificial, em dezembro; e o Startup Weekend Blockchain São Paulo, patrocinado pela corretora de *bitcoins* Foxbit, também em dezembro.

No ano de 2018, além da continuidade e fortalecimento de algumas das iniciativas citadas anteriormente, aconteceram várias maratonas ligadas à *fintech*. Dentre elas, destacam-se:

- **Hack to Change** do Hackathon Instituto GEOC (organização que reúne as principais empresas especializadas em recuperação de crédito do Brasil), em maio, focado na melhoria da experiência do consumidor nos processos de negociação e quitação de débitos.
- **Hackathon BS2** do antigo Banco Bonsucesso, em julho, com premiações em dinheiro para as três equipes vencedoras.
- **Hackathon Itaú Insights**, em agosto, e **Batalha de dados**, em dezembro, ambos do Banco Itaú realizados no Cubo.
- **Startup Weekend Fintech Women**, patrocinado pelo Banco BS2, em agosto. Essa edição teve como propósito uma maior inclusão feminina na maratona, na qual 75% dos participantes seriam mulheres.
- **Banco Inter Hackathon**, ocorrido em novembro.

No mês de outubro de 2018, o C6 Bank, *neobank* criado por ex-sócios do Banco BTG, que ainda não estava operacional, anunciou a criação de seu *hub* de inovação batizado de Opp — que contemplaria um espaço físico para startups e um programa de aceleração voltado para *early stage* com mentorias de executivos da instituição e do mercado, bem como investimentos de até R$70 mil. A ideia é que as startups desenvolvam e refinem suas soluções dentro do Opp e ganhem escala para operar. Um dos objetivos do C6 Bank é, também, criar um ecossistema próprio e integrar as soluções das startups a sua plataforma de serviços financeiros.

Ainda no segundo semestre de 2018, aconteceram anúncios também de instituições como o BNB (Banco do Nordeste do Brasil S.A), que comunicou em julho a criação de seu *hub* de inovação denominado Hubine em Fortaleza, Ceará, contemplando espaço de *coworking*, laboratórios de prototipagem e área para eventos. O BDMG (Banco de Desenvolvimento de Minas Gerais) lançou seu *hub* de inovação multissetorial, denominado Hubble, em Belo Horizonte, Minas Gerais, no mês de novembro, em parceria com a LM Ventures e Olé Consignados. O BNDES anunciou a criação do programa de aceleração BNDES Garage, no Rio de Janeiro, com o suporte das aceleradoras Wayra e Liga Ventures, no mês de dezembro. Esses últimos movimentos mostraram que inclusive organizações de fomento e desenvolvimento também têm começado a criar iniciativas de inovação aberta e suporte ao ecossistema empreendedor no país, algo que pode gerar um impacto bastante positivo no futuro.

Os próximos passos

Como podemos acompanhar nesse capítulo, está cada vez mais claro que os dirigentes de grandes empresas do mercado financeiro estão se conscientizando da importância de construir uma estratégia de *corporate venture*, seja para melhorar as chances de perpetuidade de seu negócio no longo prazo ou até mesmo para transformar a maneira como os dirigentes e funcionários olham para sua atividade e acompanham as mudanças do setor.

Dados da empresa de pesquisa CB Insights, apontaram que um terço dos investimentos realizados em *fintechs* no ano de 2018 vieram de fundos de *corporate venture capital*, contra 17% em 2014. Isso mostra que cada vez mais as instituições tradicionais estão se envolvendo em iniciativas que apontam para o futuro de seu mercado e sinaliza uma aceleração em seus processos de transformação digital. De fato, mais envolvimento com startups tem acontecido no nível de investimento — um dos estágios mais profundos dentre as ações de *corporate venturing*.

Outro interessante fenômeno que tem acontecido graças a esse movimento tem sido a criação de *fintechs* pelos próprios grandes bancos, seja para atuar em uma área ou nicho novo, seja mesmo para concorrer com seu negócio atual, sendo que a nova empresa geralmente é constituída e operada de forma apartada.

Um exemplo internacional é o Banco de Investimentos Goldman Sachs, que, após desenvolver diferentes iniciativas de *corporate venturing* e aprender bastante sobre a dinâmica das *fintechs*, resolveu também criar uma *fintech* própria chamada Marcus, em 2016, para atuar no segmento de varejo (no qual o banco ainda não atuava), concedendo empréstimos e possibilitando investimentos de forma digital. A plataforma tem crescido exponencialmente e, de fato, tem conseguido superar as expectativas do banco.

Já no Brasil, temos o exemplo do Next, banco digital criado pelo Bradesco, voltado para o público *millennial*. As grandes instituições definitivamente dispõem de recursos e potencial humano para construir bons competidores nesse mercado, ainda mais se fizerem o dever de casa adequado e abrirem a mente para novas e diferentes formas de realizar negócios e trazer receitas dentro de sua indústria.

Considerações finais

Após remontarmos as origens do movimento *fintech*, seu desenvolvimento no Brasil e nas diferentes partes do mundo e os impactos causados na indústria financeira tradicional, podemos nos questionar como um fenômeno tão recente está causando uma transformação tão intensa no mercado em um curto espaço de tempo.

Certamente podemos dizer que entramos em uma estrada sem volta, onde o mundo digital se tornou nosso principal ambiente, no qual consumimos serviços e produtos dos mais variados tipos e onde novos entrantes podem surgir a qualquer instante, vindos dos lugares mais inesperados.

Nesse novo cenário, é esperado um mercado com maior competição, mais alternativas, produtos financeiros a custos mais justos, menos letras miúdas, propostas mais transparentes e maior inclusão financeira.

O mercado financeiro do futuro tem a possibilidade de ser bem mais amplo do que é hoje no Brasil, no qual colaborações nunca imaginadas entre conglomerados tradicionais e empresas novatas se tornam cada vez mais frequente, e novos líderes emergem. Uma possibilidade real de reconfiguração, típica na revolução digital, que tira do topo aqueles que não conseguem se adaptar a tempo a um novo contexto.

De certo não sabemos ainda quais bancos, *fintechs* ou *bigtechs* sairão vencedores após esse movimento ganhar ainda mais corpo e a competição se intensificar nos próximos anos. Mas tenhamos certeza que, após isso tudo, é o cliente quem ganha no final.

Espero que tenha gostado da jornada pelo mundo *fintech* até aqui, pois estamos apenas no começo!*

Um forte abraço,

Bruno Diniz

Acompanhe atualizações de gráficos e demais informações dessa obra no site www.ofenomenofintech.com.br.

Bibliografia

ABSTARTUPS. *Tudo que você precisa saber sobre startups.* 2017. Disponível em: <https://abstartups.com.br/2017/07/05/o-que-e-uma-startup/>. Acesso em: 18 de fev. de 2018.

ASSAF NETO, A., LIMA, F. G. *Curso de administração financeira.* São Paulo: Atlas, 2006.

BANCO CENTRAL DO BRASIL. *Composição e segmentos do Sistema Financeiro Nacional.* 2017. Disponível em: <https://www.bcb.gov.br/pre/composicao/composicao.asp>. Acesso em: 22 de fev. de 2018.

BANCO CENTRAL DO BRASIL. *Relatório de inclusão financeira.* N. 3. Brasília: Banco Central do Brasil, 2015.

BENVENUTTI, Maurício. *Incansáveis*: como empreendedores de garagem engolem tradicionais corporações e criam oportunidades transformadoras. São Paulo: Editora Gente, 2016.

BENZELER, M. *European Fintech Regulation.* Disponível em: <https://www.cliffordchance.com/briefings/2017/04/european_fintechregulation.html>. Acesso em 19 fev. 2018.

BJÖRKSTÉN, Johan; HÄGGLUND, Anders. *How to Manage a Successful Business in China*. Singapura: World Scientific Publishing, 2010.

BUSINESS INSIDER. *The US Fintech Regulation Report*: How the US regulatory environment is holding back the fintech industry. Disponível em http://www.businessinsider.com/the-us-fintech-regulation-report-2017-2. Acesso em 16 fev. 2018.

CAMARGO, Patrícia Olga. *A evolução recente do setor bancário no Brasil*. São Paulo: Editora UNESP; Cultura Acadêmica, 2009.

CAPGEMINI. *World Insurtech Report*. Charleston: 2018.

CARDIM, Fernando J de Carvalho. *Economia Monetária e Financeira*. São Paulo: Saraiva, 2007.

CHACEL, Julian; Simonsen, Mário Henrique; WALD, Arnold. A Correção Monetária. 1° Tomo de *Investimentos privados e inflação*: A experiência brasileira. Rio de Janeiro: APEC Editora S/A., 1974.

CHRISTENSEN, Clayton M. *O Dilema da Inovação*: Quando as novas tecnologias levam empresas ao fracasso. São Paulo: M. Books, 1997.

CIAB FEBRABAN. *Bancos x Fintechs ou Bancos e Fintechs?*. 2017. Disponível em: <http://www.ciab.org.br/publicacoes/edicao/66/bancos-x-fintechs-ou-bancos-e-fintechs>. Acesso em: 28 de fev. de 2018.

CLARK, Duncan. *Alibaba*: The House that Jack Ma Built. Nova York: HarperCollins, 2016.

COSTA, Fernando Nogueira da. F*ases históricas do sistema bancário brasileiro*. IE-UNICAMP. Disponível em: <http://fernandonogueiracosta.wordpress.com/>. Acesso em 25 jan. 2018.

____________; PINTO, Gabriel Musso de Almeida. *Impactos da pressão para concorrência bancária no mercado de crédito brasileiro*. Campinas: Instituto de Economia UNICAMP, fev. 2013.

DELOITTE. *A Tale of 44 Cities, Connecting Global FinTech*: Interim Hub Review 2017. Londres: 2017.

____________. *FinTech in the Nordics*: A Deloitte Review. Londres: 2017.

DYMSKI, G. The global crisis and the governance of power in finance. In: ARESTIS, P.; SOBREIRA, R.; OREIRO, J. L. *The financial crisis*: origins and implications. New York: Palgrave Macmillan, 2011.

ENDEAVOR. *Panorama del Fintech en Mexico*. Disponível em: <http://endeavor.org.mx/img/post/phpoLWezl_58b5b490d65f2.pdf>. Acesso em 19 fev. 2018.

EY. *Germany FinTech Landscape*: Insights into the response of financial institutions to FinTechs and inter-FinTech collaboration. Berlim: 2017.

____________. *Swiss Fintech Report 2016*: The role of Switzerland as a fintech hub. Basileia: 2016.

FINNOVATION. *Diferenças entre os bancos e as startups de Fintech. 2015*. Disponível em: <http://finnovation.com.br/diferencas-entre-os-bancos-e-as-startups-defintech/#sthash.XMoFIMys.dpuf>. Acesso em: 06 de mar. de 2018.

FONSECA, Carlos Eduardo Correa da; MEIRELLES, Fernando; DINIZ, Eduardo. *Tecnologia bancária no Brasil*: uma história de conquistas, uma visão de futuro. São Paulo: FGVRAE, 2010.

FORTUNA, E. *Mercado Financeiro: produtos e serviços*. 17. ed. Rio de Janeiro: Qualitymark, 2010.

ICGL. *International Comparative Legal Guides*. Disponível em: <https://iclg.com/practice-areas/fintech>. Acesso em 18 fev. 2018.

JÚNIOR, Sérgio Mainetti; GRAMANI, Maria Cristina Nogueira; BARROS, Henrique Machado. *Tecnologia da Informação e eficiência bancária no Brasil*. Insper. Disponível em: <https://www.insper.edu.br/working-papers/working-papers-2013/tecnologia-da-informacao-e-eficiencia-bancaria-no-brasil/>. Acesso em 25 jan. 2018.

KLAPPER, Leora F.; SINGER; Dorothe. *Global Findex Database 2017*: Measuring Financial Inclusion and the Fintech Revolution. World Bank Group, abril, 2018.

KOTLER, Philip. *Administração de Marketing*: Análise, planejamento, Implementação e Controle. 5ª ed. São Paulo: Atlas, 1998.

MATOS, Felipe. *10 mil startups*: Guia prático para começar a crescer um novo negócio baseado em tecnologia no Brasil. São Paulo: Mariposa, 2017.

MIT TECHNOLOGY REVIEW. *Blockchain, the future is here*. Boston: 2018.

PEPPERS, Don; ROGERS, Martha; DORF, Bob. *Marketing One to One*. São Paulo: Makron Books, 2001.

PWC Global. *FinTech Report 2017*. Disponível em <https://www.pwc.com/gx/en/industries/financial-services/assets/pwc-global-fintech-report-2017.pdf>. Acesso em 29 jul. 2019.

____________. *Blockchain*: The $5 billion opportunity for reinsurers. Zurique: 2016.

REVISTA FORBES BRASIL. *5 exemplos práticos de como o Blockchain será usado em 2018*. Disponível em: <https://forbes.uol.com.br/fotos/2018/01/5-exemplos-praticos-de-como-o-blockchain-sera-usado-em-2018/>. Acesso em 28 jul. 2019.

RIES, E. *A startup enxuta*: Como os empreendedores atuais utilizam a inovação contínua para criar empresas extremamente bem-sucedidas. São Paulo: Lua de Papel, 2012.

SCHINDLER, J. *FinTech and Financial Innovation*: Drivers and Depth. Finance and Economics Discussion Series 2017-081. Washington: Board of Governors of the Federal Reserve System.

SENOR, Dan; SAUL, Singer. *Nação empreendedora*: O milagre econômico de Israel e o que ele nos ensina. São Paulo: Évora, 2011.

SILVA, João Calvão da. *Banca, Bolsa e Seguros*: Direito europeu e português. 4ª ed. Coimbra, Portugal: Edições Almedina, 2013.

THE NEW YORK TIMES. *Sees Big Potencial for Fintech in Brazil.* Disponível em: <https://www.nytimes.com/2017/05/15/business/dealbook/goldman-sachs-sees-big-potential-for-fintech-in-brazil.html>. Acesso em 20 fev. 2018.

THIEL, Peter. *De zero a um*: O que aprender sobre empreendedorismo com o Vale do Silício. Tradul, PeterKorytowski. Rio de Janeiro: Objetiva, 1ª ed.,2014.

TOP INVEST. *Produtos Bancários:* Do Cheque ao Cartão de Crédito. 2017. Disponível em: < https://topinvest.com.br/produtos-bancarios/>. Acesso em: 28 de fev. de 2018.

TSE, Edward. *China's Disruptors*: How Alibaba, Xiaomi, Tencent, and Other Companies are Changing the Rules os Business. Nova York: Portfolio/Penguin, 2015.

UNIVERSITY OF OXFORD. *PropTech 3.0*: The future of real estate. Oxford: 2017.

VAN PETEGHEM, Dado; MOHOUT, Omar. *Corporate Venturing*: Accelerate growth through collaboration with startups. Die Keure Publishing, 2018.

VELAYANIKAL, M. *India Lends formula for fintech disruption*: Tailored rates, quicker loans using risk analytics. Disponível em: <https://www.techinasia.com/indialends-formula-for-fintech-disruption-risk-analytics>. Acesso em 18 fev. 2018.

VIEIRA, José Augusto Gomes; PEREIRA, Heider Felipe Silva; PEREIRA, Wilton Ney do Amaral. Histórico do Sistema Financeiro Nacional. *E-Locução* — Revista Científica da FAEX. Universidade de Taubaté, SP e Faculdade de Extrema, MG: 2ª ed., ano 1, 2012.

Índice